自分を愛する力

乙武洋匡

講談社現代新書

2198

はじめに

一九九八年、『五体不満足』が出版されると、多くのメディアに取りあげられたこともあり、たちまち五百万部を超す大ベストセラーとなった。当時、二十二歳。大学三年生だった僕は、あまりの反響の大きさに戸惑い、自分を見失いそうにもなった。だが、よく考えてみれば、障害者本人が自身の生活体験やその思いをつづった本は、これまでにも多数あったはずだ。なぜ、そうした作品のなかで、『五体不満足』はこれほど多くの人々に読んでいただける本になったのか。

もちろん、そのひとつには題名のインパクトもあるだろう。『五体不満足』――おそらくは、「こんなタイトルつけていいの……?」と多くの方がギョッとしたのではないだろうか。でも、それだけではない。読者の方からは、こんなメッセージをたくさんいただいた。

「とにかく表紙の写真を見てビックリしました。だって、背の高い車いすに乗った男の人が、何の屈託もない笑顔でこっちを向いているんだもの」

当時は、多くの人が、「障害者＝かわいそうな人」と思いこんでいた。いや、いまなお、根強い考え方なのだろう。それも、ただの障害ではない。手も足もない、ただ上半身だけが車いすに乗っかっているようにも見える衝撃的な写真なのだ。それだけで〝不幸〟は確定したようなもの。ところが、その上半身のさらに上に乗っている顔に視線を転じてみると、およそ不幸とは無縁の、むしろ人生をめいっぱい楽しんでいることがうかがえる満面の笑み。な、なんだ、これは——。

「どれだけ苦悩に満ちた人生だったのだろうとハンカチを用意して読みはじめたのに、フタを開けてみれば、爆笑必至のエピソードばかり。こんなにも楽しい本だとは思いませんでした！」

これが、いちばん多くいただいた感想だ。「障害者のなかにも、こんなに人生を楽しんでいる人間がいるんですよ」と、僕自身の歩んできた道を紹介することで、「障害者＝かわいそうな人」という固定観念を打ちやぶりたい——そんな僕の思いは、十二分に達成された。もっと言えば、あまりに多くの方に読んでいただいたため、「なんだ、障害者は苦しんでなんかいないのか」という誤った障害者観を広めてしまう結果となり、「あくまで僕は一例であり、みずからの障害を受けいれることができず、苦しんでいる方もいる」と、あらためてアナウンスする必要まで生じたほどだった。

ならば、なぜ僕は生まれつき手足がないという障害を「受けいれ」「苦しむことなく」、ここまで人生を歩んでくることができたのか。僕なりに考えてみると、〝自己肯定感〟という言葉にたどりついた。自己肯定感とは、「自分は大切な存在だ」「自分はかけがえのない存在だ」と、自分自身のことを認める気持ち。この〝自分を愛する力〟が、何より、僕自身の人生の支えとなってきたように思うのだ。

では、僕はどのようにして、この自己肯定感を育《はぐく》んできたのか、どのようにすれば自己肯定感を育んでいくことができるのか。本書では、僕を育ててくれた両親の子育て、また僕自身の子育て、さらには小学校教師として子どもたちと向きあった経験から、僕の「明るさのヒミツ」を解きあかしていきたいと思う。

目次

第一章　息子として

「かわいい」

僕は、障害のなかでも最も重度とされる「一種一級」という認定を受けている。言ってみれば、数ある障害のなかでの〝ランキング一位〟だ。これだけ重度の障害とともに生まれてくれれば、僕の人生は苦難と絶望に満ちた、重苦しいものになってしまっていたとしても不思議はない。でも、おかげさまで、僕はこの世に生まれてきたこと、両親がこの世に生んでくれたことに心から感謝しているし、誕生から三十数年が経ったいまでも、人生を謳歌している。

僕が障害者として「不幸行き」の列車に乗せられるのか、それともひとりの人間として「幸福行き」と書かれた列車に乗ることができるのか——その岐路に立たされていたのは、生後一ヵ月頃のこと。『五体不満足』を読んでくださった方々が、「いちばん印象に残った」と言ってくださることの多い、〝あのシーン〟だ。

桜の花が見事に満開を迎えた春の日に、僕は横浜市内の病院で産声をあげた。本来ならば、出生後すぐに母との対面となるはずだが、それは病院の判断により見送られた。生まれてきた赤ん坊が、両手両足がないという、あまりに奇抜なカラダだったために、出産直後で体力も落ちている母親にその事実を知らせるのはショックが大きすぎると判断されたのだ。

結局、「黄疸《おうだん》（皮膚が黄色く見えてしまう症状）が激しい」という理由で、僕と母は出産から一ヵ月も会うことを許されずにいた。そんな理由を鵜呑《うの》みにして、母は自分の生んだわが子に一ヵ月間会えずにいた。それに何の疑問も感じずにいた母に対して、「いったい、どれだけのんきに生きてきた人なのだろう……」と驚かざるをえないが、そんなおおらかな人間だったからこそ、僕のような〝超規格外〟の息子を育てることができたのかもしれない。

そして、出産から一ヵ月後。いよいよ、母子対面の日がやってきた。病院側は、あまりのショックに母が倒れこんでしまうのではないかと、近くにベッドまで用意したという。だが、母がはじめて僕を目にした瞬間に口にした言葉は、意外なものだった。

「かわいい」

この言葉が、このときの母の感情が、僕の人生を決定づけたと言っても過言ではない。もし、彼女がこのとき抱いた感情が、「嘆き」や「悲しみ」といったものだったとしたら、僕の人生はずいぶんとちがったものになっていただろう。

後年、母にこのときの心境を聞いたことがある。母は、ずいぶんとあっけらかんとした口調で言っていた。

「なんかね、大きなタオルにくるまれていたから、手足がないと言われてもピンと来なかったのよ。それにね、出産から一ヵ月も会えていなかったでしょ。だから、ようやく会えたよろこびがあまりに大きくて、そんなこと気にならなかった」

「会えない時間が　愛育てるのさ〜♪」とヒロミ・ゴーも歌っている。「空腹は最高の調味料」という至言もある。生まれたばかりの赤ん坊と母親を一ヵ月間も引きはなすという、常識的には考えにくい〝作戦〟が、結果的には功を奏したのだろう。

こうして、僕と母との出会いは、わずかな曇りもない晴れやかなものとなった。母親の胎内に手と足を忘れてくるという、とんでもなくうっかり者の息子を、母は認めてくれた。受けとめてくれた。僕が「不幸行き」の列車ではなく、「幸福行き」と書かれた列車に乗ることができたのは、まさにこの出会いがあったからだと感謝している。

〝応援団〟結成

小学校高学年くらいのことだっただろうか。家族アルバムをながめていて、ドキッとしたことがある。アルバムのなかにいる幼き日の僕には、なんと、手も足も生えているのだ。デニム地の長ズボンの先には、ご丁寧にベージュの靴まで履いている。

「あれ、たしか僕は生まれつき手と足がなかったと聞かされていたけれど……」

ベビーカーでにっこり笑う幼少期の〝ボク〟に、僕はひどく混乱した。だが、注意深くその写真を見ていると、やがて違和感を覚えるようになった。長袖のシャツからのぞいている手首から先の部分だけ、どうも血色が悪いのだ。まるでゴムでできているかのような質感で、顔の皮膚とはずいぶん色合いがちがっている。そう、当時の僕は、義手や義足をつけてベビーカーに乗っていることが多かったのだ。

だが、ずっとベビーカーに乗っているのだから、その義足は歩くためのものではない。また、その後、練習することになる金属でできた実用的な義手と異なり、このときつけていたものは、樹脂でできた〝お飾り〟にすぎない義手だった。ならば、いったい何のために、そんな〝お飾り〟をつけていたのだろう。

「はじめは義手も義足もつけずにベビーカーに乗せたりしてたんだけどね、すれちがう人、すれちがう人、みんなすごい顔をしてあなたのことを振りかえるのよ。それはもう、ギョッとした顔で。そうして、みなさんがあまりに驚くものだから、何だかいたたまれなくなってきちゃってね」

もちろん、両手両足のない、胴体だけが乗っかっているようなベビーカーを押している母自身にも、好奇の視線は容赦なく向けられていただろう。義手や義足をつけて、長袖、長ズボンの服を着せて、〝フツーの男の子〟にしておくことが、そうしたわずらわしさから逃れる効果的な手段だったのかもしれない。

だが、そうして〝フツーの男の子〟を演出するのは、家から遠出をするときだけ。散歩や買い物など、近所を出歩くときには、義手や義足をつけることをしなかった。あえて、〝むき出し〟の状態にしておき、近所の目に触れるようにしていたのだ。

「遠出→義手・義足をつける」

「近所→ありのままの姿」

その線引きには、いったいどんな意味がこめられていたのだろう。母は言う。

「やっぱり、私たち家族が暮らしていくうえで、近所の方たちの理解や協力は欠かせないだろうなと思ったの。そのためにも、なるべく早い段階であなたを見てもらって、『うちにこういう子が生まれました。どうぞ、よろしくお願いします』と、紹介しておいたほうがいいと思って」

当時、僕ら一家は、東京の東のはずれにあたる、江戸川区西葛西にあるファミリー向けマンションに住んでいた。できたばかりの十二階建て。そのマンション自体が、ひとつのコミュニティになっていた。

最初に僕らのことを受けとめてくれたのは、おとなりに住むカトウさん。愛情いっぱいに僕の面倒を見てくれたばかりでなく、「だいじょうぶだからね。何とかなるから」と、新米ママである母にとって頼もしい相談相手となってくれた。当時中学生だった娘のミッコちゃんも、僕のことを弟のようにかわいがってくれた。一人っ子だった僕は、カトウさんの家でミッコちゃんと遊ぶのが大好きだった。

つぎに応援団となってくれたのは、魚屋のシマちゃん。ひとつ上の階に住む威勢《いせい》のいいお兄ちゃんは、いつも僕らを見かけると、「何かあったら、いつでも言ってくれ」と声をかけてくれた。下町らしい、気風《きっぷ》のいい兄貴分だった。こうして、少しずつ、少しずつ、僕の存在はマンション内で知られていくようになり、僕らのことを受けいれてくれる味方が増えていった。

現在でも、出生前診断で生まれてくる子どもに障害があるとわかれば、中絶もやむなしと考える人が少なくない。障害者に対する世間の理解や意識は、いまでもその程度なのだ。それが、いまから四十年近くもさかのぼる時代。当時の人々の意識は、「見世物小屋」時代を引きずっていたとしてもおかしくない。障害のある子どもが生まれても、けっして口外することなく、家に閉じこめたまま、外にも連れださずに育てていたという話も聞いたことがある。

そうした時代に、僕を積極的に外へと連れだし、ご近所さんに見せてまわり、少しずつ〝応援団〟を増やしてくれた母の勇気ある行動に、心から感謝している。こうして、僕は両親からだけでなく、地域の人々からも愛され、認められるようになっていった。

パイプ椅子と文庫本

小学校への入学時期が近づくにつれ、両親は頭を悩ませていた。

「この子をどんな学校で学ばせたらいいのだろう――」

いまでも、障害児が教育を受ける環境が整ったとは言いがたい。だが、当時はいま以上に整備が進んでおらず、「とにかく障害のある子は、別の学校で」という風潮が強かった。だが、両親は僕を養護学校（現在は特別支援学校）へ入学させることに、ためらいを感じていた。

「この子にはたしかに手も足もないけれど、知的な部分では問題ないし、周囲とのコミュニケーションも図ることができる。なんとか、普通教育を受けさせてやることはできないだろうか」

幼稚園時代に一家で世田谷区用賀へと転居していたが、公立小学校での受けいれは厳しいと考えた両親は、私立小学校に的《まと》を絞った。障害者にも理解があることを謳《うた》っているような学校に連絡を取り、事情を説明してはみたが、ことごとく門前払い。

「何かあっても、うちでは責任を取れないので――」

その〝何か〟が起こる可能性は、障害があってもなくても同じだと思うのだが、やはり当時はまだ障害者が社会から隔離されてしまっていた。これまでのコミュニティのなかに障害者が加わったときのリスクを、必要以上に大きくとらえられてしまったとしても無理はない。

私立小学校への道が閉ざされ、普通教育を受けさせることをあきらめかけていた両親のもとに届いたのが、地元の教育委員会から送られてきた「就学時健診」の通知だった。就学時健診とは、翌年に就学を控えた子どもたちを集め、心身に障害はないか、知的発達の度合いはどうか、などを検査する健康診断のことだ。「なんらかの障害を抱える子どもと、そうではない子どもとを振り分けるための検査」と批判されることも多いが、はじめから地元の公立小学校への就学をあきらめていた両親には、希望の光にも思えたという。

その後、母は就学時健診で僕を学校に連れていった。教育委員会にも僕を連れていき、うまくコミュニケーションが図れること、字が書けること、食事を取れること、ハサミを使えることなどを見てもらった。そうして何度も話し合いを重ねた結果、僕は地元にある公立小学校への入学を認められることになったのだ。

（ちなみに、僕の両親が入学許可を求めて、学校の校門前でビラを配るなどの活動をしたおかげで、僕は入学することができたなどという書きこみをネットで目撃したことがあるが、そんな事実はない。なぜ、そうしたいい加減な言説が流れたのかいまでも理解できないし、それについては強く抗議したい）

入学に際しては、ひとつだけ条件があった。それは、登下校時はもちろん、僕が学校にいるあいだは、つねに家族のだれかが付き添っていること――というものだ。もちろん、学校側としても、「もし、何かあったら責任が……」という思いがあったのだろう。家族の負担は計りしれなかったが、「それでこの子が入学させてもらえるなら」と、両親はよろこんで僕を地元の小学校に通わせてくれた。だが、父は会社勤めのため、朝から夕方まで学校にいる余裕などない。その役目を務めることができるのは、母ひとりだった。入学式以来、母は毎朝、小学生といっしょに集団登校の列にならび、子どもたちと談笑しながら約十五分かけて僕の車いすを押していき、授業中や休み時間のあいだはずっと廊下に用意されたパイプ椅子にすわり、「何かあったときのために」待機してくれていた。

だが、僕の学校生活の様子から、その「何か」は起こりそうもないと学校側が判断してくれたため、四年生の途中からは送り迎えだけすれば付き添わなくてもよくなり、五年生からは送り迎えもしなくて済むようになった。こうして当初の条件が取り消されるまで、母は三年半もの月日を、学校の廊下で、パイプ椅子の上で、たったひとりで費《つい》やしてくれていたのだ。

夏は暑かっただろう。冬は寒かっただろう。三年半ものあいだに読みおえた文庫本は、いったい何冊にのぼったのだろう。当時はあたりまえのこととして受けとめてしまっていた母の献身に、僕はどうやって報いることができるのだろうか。

母の悩み

いま考えると、僕と母は、ほかの親子よりもずいぶん距離が近いところにいたのかもしれない。フツーの親は、子どもが学校に行ってしまえば、夕方になって帰ってくるまで、しばらく会わずにいられる。その時間は、わが子が何を考え、学校でどんな行動をして、友達とどんなふうにコミュニケーションを図っているのか、知ることはできない。もちろん、「知りたい」と思う親もいるだろうが、それらを知ることでストレスが溜《た》まることもあるだろうし、必要のない干渉を始めてしまうようになるかもしれない。親子関係というものは、ほどほどの距離がいちばんではないかと思っている。

ところが、僕ら親子はそうもいかなかった。何しろ、朝から夕方まで、母はずっと学校に付き添っている。僕の言葉づかいから、友達への態度、先生に叱られている場面まで、すべてが「筒抜け」なのだ。

もちろん、僕だって見守られている側の立場として、それなりにしんどいものがあった。でも、きっと見守っている側の、言いかえれば、必要以上に近い距離で見守ることを強《し》いられてきた母も、しんどい部分があったのではないだろうか。ほかの親ならば見なくてもすむ、わが子の未熟さ、いたらなさを、四六時中、目《ま》の当たりにしなければならなかったのだから。

母がいちばん頭を悩ませていたのは、僕の鼻っ柱の強さだった。僕は小さな頃から気が強く、自分の思っていることははっきりと口にしてしまう性格だったのだが、僕のこうした性格が、母には不安にも思えたようだ。

「だってね、ふだんからあなたの手伝いをしてくれているようなお友達にまで、『おまえはまちがっている』なんて平気で言っちゃうもんだから、気が気じゃなくて。もう少し遠慮したほうがいいんじゃないのかしらとか、そのあたりはすごく考えた」

たしかに、いまになって考えてみれば、母が肝《きも》を冷やすのもわからなくはない。だが、当時の僕には、「手伝ってもらっているから」「障害者として受けいれてもらってるから」下手《したて》に出るという考えがどうしても浮かんでこなかったのだ。

向こう気が強く、障害者という立場ながらクラスの中心であり、ときには横暴にも見える振る舞いで友達に指図する僕を見て、母はかなり悩んでいたらしい。

「このままでは鼻つまみ者として、みんなに嫌われてしまうのではないか……」

でも、母の胸のなかには、これと相反する、もうひとつの考え方があったようだ。

「この子がこうした障害とともに社会で生きていくためには、もしかしたらこれぐらいの強さを持っていたほうがいいのかもしれない」

自分は障害者だから、社会的弱者だから――そんな劣等感を抱えて生きていくことは、人生においてけっしてプラスにはならない。いま、ここで鼻っ柱の強さをくじいてしまえば、息子はこの先、そうした劣等感とともに生きていくことになるのでは……。

母には、そんな懸念《けねん》があったようなのだ。

「目に余る〝強さ〟を削り取り、謙虚な人間に育てていくのか」

「障害をものともしない〝強さ〟を尊重して育てていくのか」

正反対を向くふたつのベクトルのあいだで、心が揺れうごいていた。父とも何度も話し合った末に、母はようやく結論を出した。

このままでいこう――。

このときの決断が、いまの僕という人間のアウトラインを築いたと言ってもいい。もちろん、〝強さを削り取られた僕〟が、いま頃、どんな人生を送っていたのかを知ることはできない。だから、「どちらがよかった」などと軽はずみに判断することはできないが、それでも、僕の生まれ持った強さを否定することなく、ありのままの人格を受けいれてもらえたことは、僕にとって大きな影響を及ぼしたのではないかと思っている。

まあ、そのおかげで、幼児期と変わらぬ「傲慢《ごうまん》な」「鼻持ちならない」性格のまま、この年齢になってしまったのだけれど。

最優秀助演男優賞

僕の代表作となった『五体不満足』を読んでくださった方々が、声をそろえて言ってくださる言葉がある。

「とにかく、お母さまが素晴らしいですね」

何だか、むずがゆくなってしまう。でも、母が「素晴らしい」人間であることは否定しようもないし、そんな母に育ててもらったことにも心から感謝している。だが、そうしたほめ言葉をいただくたびに、どうしても付け加えたくなってしまう言葉がある。

「いえ、母だけじゃなく、父も素晴らしいんです！」

他人様からいただいた賛辞を伝えると、母はかならずこう口にする。

「私があなたの育児に心のゆとりを持って専念できたのは、賢二《けんじ》（父）がいてくれたから。賢二がいつも笑顔で、どっしり構えてくれていたから」

もちろん、僕を育てていくうえでの主役は、まぎれもなく母なのだろう。だが、それはけっして母ひとりで成りたっていたものではなく、あくまで父の存在があってこそ。言ってみれば、父は〝最優秀助演男優賞〟なのだ。

戦時中である昭和十六年生まれ。一級建築士の資格を取った父は、大学を卒業すると大手建設会社に就職し、主にリゾートホテルや別荘、ゴルフ場のクラブハウスの設計などを手がけるようになった。

この時代の男性にしてはめずらしく、照れのない人だった。朝起きてくると、リビングにいる母や僕に向かって、開口一番、決めゼリフ。

「おはよう。今日も愛してるぜ！」

フツーの家庭だったら、いきなりこんな言葉を聞かされたら面食らってしまうだろう。でも、わが家ではこれが日常のひとこま。このセリフから、一日が始まるのだ。

こんなエピソードがある。僕が高校三年生のとき、父は肝臓ガンであることがわかった。以来、亡くなるまでの七年間、父は入退院を繰りかえすこととなる。ある秋の日のこと、いつものように父が入院する病院へ見舞いに行こうと母が身支度をしていると、チャイムが鳴った。

「ピンポーン」

急いで玄関まで降りていった母が扉を開けると、そこにはバラの花束を抱えた父が立っていた。病院にいるはずの夫が、なぜここに――。あっ気にとられる母に、父はいたずらっぽい笑みを浮かべて、こう言った。

「誕生日、おめでとう！」

その日は、母の誕生日だった。サプライズで母を驚かせようと、僕らに内緒で病院に外泊許可を取りつけ、病身をおして、バラの花束を抱えてやってきたのだ。還暦を目前に控えたオヤジがやることにしては、ずいぶんロマンティックで、キザで、ちょっと悔しいくらいカッコイイ。父は、こうして何の臆面《おくめん》もなく、家族に愛を伝えられるような人だった。

アヒルばかりの通知表

電電公社（現NTTグループ）に勤めていた父方の祖父は、僕が生まれる数年前に亡くなっている。だから、僕は祖父に会ったことがない。だが、話に聞くと、ずいぶん厳格な人だったようだ。鉄拳《てっけん》制裁はあたりまえ。また、父親がどんな遅くに帰ってきても、息子たちは寝床から起きてきて、「おかえりなさい」と玄関で出迎えなければならないような家庭だったらしい。

「とにかく、オヤジは怖い存在でしかなかったなあ。だから、何かを相談しようとか思ったこともないし、オヤジのまえで弱音を吐くなんて考えたこともなかった」

結婚して、いざ自分が父親になった。まず頭に浮かんだのは、厳格な父親像だったにちがいない。だが、父はそれと同じ道をたどることなく、自分の父親を反面教師にすることを選んだようだ。この世代にありがちな、「オレが家長だ！」と居丈《いたけ》高《だか》に振る舞うような態度を見せたこともなければ、父としての威厳を理不尽に振りかざすような姿も見たことがない。どちらかと言えば、つねにしゃがみこんで僕の位置まで降りてきては、こちらの心情に寄りそってくれる、そんな父親だった。

小学六年生の一学期だっただろうか。それまでオール5をキープしてきた僕が、理科だけが4となり、オール5から陥落してしまった。クラスメイトからは、「それでも、十分いい成績じゃん！」とうらやましがられたのだが、やはり僕にとっては〝転落〟としか受けとめられず、気落ちして帰宅した覚えがある。

まずは、母から。あまり僕の成績に一喜一憂するようなタイプでなかった母は、通知表を受け取っても、「はい、今学期もお疲れさま」と意に介する様子はなかった。この対応にも、ずいぶんと救われたものだ。そして、夜になって帰宅した父に通知表を見せる。左から右へ——父の大きな目がぎょろりと移動するそのあいだ、僕の心臓はだれかにギュッと握られているかのように苦しくなった。

パタリと通知表を閉じた父の口から出た言葉は、意外なものだった。

「やっぱり、おまえはすごいなあ」

「えっ？」

成績が下がったくらいで叱るような父親ではないだろうと思ってはいたが、それでもほめられることなど想像もしていなかったから、この言葉には面食らった。

「いやあ、オレが子どものときなんか、アヒルばっかりだったからさ。それに比べたら、やっぱりおまえはすごいよ！」

アヒルとは、おそらく「2」のことを指しているのだろう。

（いや、そんなはずはない……）

父がウソをついているだろうことは、小学生の僕にもすぐにわかった。自分自身の存在を必要以上に大きく見せることで、子どものことを押さえこもうとする父親が多いなか、父はあえて自分のことを低く見せてまで、僕の自尊心を傷つけることがないよう配慮してくれたのだろうと思う。

（何だか、申しわけないなあ……）

さっきとは、また種類のちがう胸の苦しみが、僕をおそった。だが、結果的に父がついたやさしいウソは、何より僕を奮《ふる》い立たせ、「二学期は、ぜったいに父にこんなウソをつかせるもんか！」と、つぎの学期に対するモチベーションへとつながったのだ。

転勤拒否

わが家のリビングには大きな製図台があり、父は休みの日でもそこにすわって楽しそうに図面を引いていた。いまでは、きっとほとんどがパソコンでの製図になるのだろうが、当時はすべてが手作業。日曜日の午後になると、紙の上をスーッとペンがすべっていく、心地よい音がリビングから聞こえてきた。

また、休みの日には父とふたりで散歩に出かけ、駅前の本屋で時間をつぶすというのが楽しみのひとつだった。僕の車いすを漫画コーナーに止め置くと、自分は一目散に建築雑誌のコーナーへ。雑誌に没頭するあまり、僕を一時間近く〝放置〟してしまうなどということもめずらしくなかった。もちろん、父の書斎にも分厚い建築雑誌や有名建築家の作品集などがずらりとならんでいた。

建築の仕事が、心から好きだったのだろう。父がしんどそうに会社に行く姿など、（晩年、体調が悪くなるまでは）一度も見たことがない。そんな父が、会社から大きな選択を迫られた場面があった。福岡にある九州支社への転勤を命じられたのだ。僕が中学三年生のときだったと記憶している。

いま、「命じられたのだ」と書いたが、正確には「命じられたのだそうだ」と書くべきなのかもしれない。僕はその話を父から直接聞かされたことはない。母からの伝聞なのだ。しかも、その母でさえ、「そんな話があったみたいなんだけど、『もう断ってきたから』と事後報告だったのよ」というのだから驚きである。

本社勤務を経たのち、九州などの地方支社で数年の経験を積み、また本社に戻ってくる。これは、父の勤めていた会社では王道の出世コースだったようだ。父の人柄と仕事ぶりを高く評価した上司が、会社に推挙してくださったのだという。その話を聞いた父は、すぐに上司のもとに飛んでいき、「なかったことにしてほしい」と頼みこんだのだそうだ。

「以前からお伝えしているように、僕には障害のある息子がいます。中学三年生になりました。高校受験を控えた大事な時期に、僕ひとりが九州に行くことなんてできません」

出世が約束された道を、なぜ父は迷うことなく蹴ってしまうことができたのだろう。それは、おそらく自分が生きていくうえでの優先順位を、自分の人生において何が大切なことなのかを、しっかりと意識しながら生きてきたからではないだろうか。建築は楽しい。仕事も大事。でも、何より大切なのは家族だ、と――。

振りかえると、小学校の入学式からはじまり、運動会や展覧会、ときには保護者参観、もちろん卒業式まで、そこには父の姿があった。中学生になっても、保護者が参加できるような行事にはほとんど顔を出してくれていた。当時はそれをあたりまえのように受けとめてしまっていたが、いまになって考えてみれば、バブル期の建設会社に勤めるサラリーマンがそこまで休みを確保することがどれだけ大変なことなのかは、容易に想像がつく。まして、自分が親という立場になってみればなおさらだ。

家族を大事にする——言葉で表すことはたやすいが、父はその行動でしっかりと示してくれていた。

紙おむつが起こした奇跡

忘れられない思い出がある。僕が大学受験をしたときのことだ。一浪した僕は、どうしても早稲田大学に進学したくて、本部キャンパスにある文系の学部をすべて受験することにしていた。日程的には五日間連続での試験となってしまい、かなりしんどいのだが、そうまでしても、〝人種のるつぼ〟と表現されるほど、さまざまな価値観を持った学生が全国から集まる早稲田大学にあこがれを抱いていたのだ。

だが、高校三年間、勉学を怠ったツケは、一年間の浪人生活をがんばったくらいでは、到底挽回できるものではなかったようだ。模試を受けても、D判定やE判定。とても合格を期待できるような結果は出なかった。

そのなかでも、受験初日となる教育学部にはわずかな期待をかけていた。国語や英語での得点が重視される他学部とはちがい、国語、英語、社会の配点が同等とされていたのだ。国語や英語ではそこまでの得点が期待できなかったが、僕が選択する日本史なら高校でも学年でトップだったこともあるほど自信があった。僕自身も、そして家族も、初日の教育学部に望みをかけていた。

いよいよ、受験初日。悲劇は、三教科目となる国語の時間にやってきた。なんと、人生をかけた大勝負に挑んでいる僕に、尿意がおそってきたのだ。僕は自分ひとりでトイレに行くことができない。だから、休憩時間があっても用を足すことができず、この日も家を出てからは一度もトイレに行っていなかったのだ。

子どもの頃からトイレに行く間隔が異常に長く、登校前の朝八時くらいにしておけば、夕方に帰宅するまでの約十時間はしなくても済んでしまうという、そんな体質だった。だから、まさか試験中に尿意を催すことなどありえないと思っていたのだ。だが、この日は寒さのためか、はたまた緊張のためか、その「まさか」が発生してしまった。読解問題の長文を読まなくてはならないのに、どうしても集中することができない。

（ああ、終わったな……）

失意のうちに家路についた。帰宅した僕に、母がたずねる。

「どうだった?」

僕が事情を話すと、母の表情は一瞬曇ったが、すぐに明るい声で励ましの言葉をかけてくれた。

「まあ、切りかえて、明日がんばるしかないわよね」

夕方になって、会社にいる父から電話が入った。一日中、僕の試験のことが気になって仕方なかったようだ。母は、自室にこもって翌日に備える僕に聞こえないよう、僕の窮状について父に話をした。

「そうしたらね、電話口からすすり泣く声が聞こえてきたの。『ヒロがかわいそうだ』って……」

深夜近くになって帰宅した父は、めずらしい〝おみやげ〟を手にしていた。翌朝、すでに出勤した父の代わりに、母からその〝おみやげ〟を手渡された僕は、さすがに面食らった。父が僕のためにわざわざ買い求めてきてくれたものとは、大人用の「紙おむつ」だったのだ。

「これ、今日穿いてみて」

父の気持ちは、痛いほど伝わってきた。でも、当時まだ十代だった僕には、おむつをして外出をするという行為には大きな抵抗があった。だれから見えるわけでもないのだが、どうしても「恥ずかしい」「カッコ悪い」という感情が拭《ぬぐ》えなかったのだ。

絶対にイヤだと突っぱねる僕に、ふだん、滅多《めった》に感情をあらわにすることのない母が、声をふるわせながら、こう言った。

「賢二はね……わざわざ会社で試してくれたんだよ。『実際にオレも穿いて、そのおむつのまま用も足してみたけど、問題なかったから。だから、明日はヒロにこれを穿かせてやってくれ』って。そこまで――」

ああ、僕はどうして、あのとき首をタテに振らなかったのだろう。父の思いを、素直に受け取ることができなかったのだろう。いま思えば、意固地になっていたとしか思えない若造のつまらない見栄は、最後まで母を困らせた。

母は、涙を浮かべながら、僕に言った。

「あなたの気持ちは、よくわかった。でも、ひとつだけお願いがあるの。そんなにイヤなら、無理にこれを穿いていかなくてもいい。その代わり、賢二には『穿いていった』ということにしておいてほしいの」

僕は、ようやくうなずいた。

終わってみれば、結局、〝催してしまった〟初日の教育学部も含め、受験したすべての学部に合格することができた。模試ではけっして芳《かんば》しい結果を残すことができなかった僕の快挙に、両親はもちろん、親戚一同が驚きを隠せずにいた。

（もしかしたら、おむつに託した父の深い愛が、奇跡を起こしてくれたのでは――）

いまでも、僕はなかば本気でそんなことを思っている。

父の〝遺言〟

僕が結婚したのは、二十四歳のときだった。まだ大学を卒業したばかり。仲間内でも、いちばん早いくらいだった。振りかえってみると、僕には十代の頃から結婚願望が強くあった。それは、きっと家庭環境が大きく影響しているのだと思う。

両親は、とにかく仲が良かった。高校時代のことだ。休日に昼頃まで寝ていると、起きた頃には、もう両親そろって出かけてしまっていた。リビングのテーブルには、ラップにくるまれたサンドイッチとメモ書きが残されている。

「ふたりで出かけてきます。夕飯までには戻ります。母より」

熟年離婚などという言葉も聞かれる昨今だが、僕の両親は毎週のように夫婦でのデートを楽しむようなアツアツぶりだったのだ。

息子として、両親のそうした姿を見せつけられることは、もちろんうれしくもあった。だが、同時に一抹《いちまつ》のさみしさを感じないわけでもなかった。それは、僕に兄弟がおらず、一人っ子であったということも影響しているのかもしれない。だからこそ、十代の頃から「早く家を出て、自分も両親のように、早くパートナーを見つけて生きていきたい」という思いを強く抱いていたのだ。

だが、実際に二十四歳という若さで結婚を決意した当時の心境を振りかえってみると、あこがれや願望だけが理由ではなかったようにも思う。

僕が高校三年生のとき、父が肝臓ガンであることが判明したことは先に書いた。当初は医師からも、「三年くらい」と宣告され、僕ら家族もその覚悟でいた。だが、母の献身的な看病とさまざまな治療の効果により、父は入退院を繰り返しながらも建築の仕事が続けられるだけの体力を維持していた。

だが、宣告から七年近くが経った、ある冬の日。父はついに意識不明となり、救急車で病院に運びこまれた。幸いにして、翌日には意識も回復し、会話もできるまでになったが、僕も、母も、いよいよ別れのときが近づいているだろうことを感じていた。

父が、この世からいなくなってしまう——その事実をあらためて突きつけられたとき、どうしても頭のなかで自動的に再生されてしまう会話があった。僕が、二十歳の誕生日を迎えた日のことだ。

「オレさ、おまえが生まれてから、いつかどやされる日が来るんじゃないかって思ってた。『なんで、こんなカラダに生んだんだよ!』って」

知らなかった。父がそんな思いでいたなんて——。

「なに言ってんだよ……」

僕は言葉少なにその場をあとにすると、部屋にこもってすすり泣いた。父は、苦しんでいた。二十年ものあいだ、僕に対して罪悪感を抱いて生きてきたのだ。

(僕はこんなにも幸せなのに……)

(こんなにも感謝しているのに……)

(この身体を恨んだことなんて、本当に、ただの一度だってないのに……)

申しわけない気持ちでいっぱいだった。父のやさしさが、苦しかった。

父の死を目前にして、僕はこのときの会話を思いだしていた。そして、「せめて僕のことについては、何も心配することなく旅立ってほしい」と、強く、ただそれだけを願った。

もし、自分に障害のある息子がいたとしたら、そして、その息子を残して、自分が先にこの世を去ることがわかったとしたら、はたしてどんなことが気がかりとして、心に影を落とすことになるのだろう。父の立場から〝息子〟を見つめたとき、僕にはふたつのことが気にかかった。

ひとつは、「社会人として、メシが食っていけるのだろうか」。手も足もない息子が生まれたとき、きっと親としては、僕が仕事に就くことなどイメージできなかったにちがいない。どのようにしてカネを稼いでいくのか、どのようにして社会人として生きていくのか、不安は尽きなかったのではないだろうか。だが、幸いにして、『五体不満足』出版によって世間の耳目《じもく》が集まり、さまざまな仕事のチャンスをいただくようになった。この点については、おそらく、父の不安も消えていたのではないだろうか。

もうひとつは、「結婚して、家族を持つことができるのだろうか」。もちろん、僕自身は「結婚」や「家庭を持つこと」が幸せな人生を送るための必須条件だとは思っていない。だが、戦中生まれの、そして自分自身がそうすることによって幸せを得てきた父にとっては、仕事についての不安と同じくらい、もしかしたら、それ以上に気がかりな点だったとしてもおかしくない。

妻とは、その時点で三年半ほど付き合っていた。いっしょに住むつもりで家探しも始めていた。具体的に結婚の話が出ていたわけではないが、「まあ、いつかはするのだろうな」と、漠然と考えていた。

だったら、それが、いまだって——。

大学卒業を間近に控えていた妻も、そうした事情を察してくれた。僕らは結婚する意志を固めると、その三週間後には入籍していた。

妻の卒業式当日、朝七時には区役所に届けを出し、その足で父の病室へと向かった。妻は、袴《はかま》姿だった。たったいま入籍してきた旨《むね》を報告すると、父はうれしそうな、そしてホッとしたような表情を浮かべ、弱々しい声でベッドの上から僕らに告げた。

「おたがい……思いやりの心を忘れずに……これからの人生を歩んでいってください」

その報告からひと月半後に亡くなった父の〝遺言〟は、いまでも僕ら夫婦の支えとなっている。

「ほめる育児」の原点

最近では、書店に行くと、「子育て本」が目白押し。いかに育児に悩み、行き詰まっている親が多いのかがよくわかる。さらに、書棚にならぶそれらの本のタイトルや帯のコメントを見ていると、そのどれもが同じような手法をプッシュしていることに気づく。

ほめて育てる——。

子どもを叱り、ダメなところを指摘するのではなく、いいところ、できるようになった部分にもっと目を向けていこうというものだ。

だが、わかっていても、これがなかなかできない。親というのは、どうしてもわが子の足りないところ、至らないところばかりが気になってしまい、気づくと、「ほめる」よりも「叱る」が先に来てしまうのだ。それはもちろん、「子どものことを思うからこそ」なのだが、結果的にそれが子どものためになっているのかと問われれば、親も「それは……」と黙りこんでしまう。

その点について言えば、僕の両親の子育ては、まさに「ほめて育てる」ものだった。もちろん、道徳的にまちがった行動をしたときには、みっちりお説教を受けることもあったが、何かが「できない」ことで叱られたという記憶はない。そして、「できた」ときには、たっぷり、しっかり、ほめてもらっていた。

なぜだろう。ほとんどの親が頭ではわかっていても実践できない「ほめる子育て」を、なぜ僕の両親は、モデルケースとして教科書に載せてもおかしくないような形で実践することができたのだろう。

母に聞いてみたことがある。すると、思いもよらない答えが返ってきた。

「それは……あなたが障害者だったからかもしれない」

——え、どういうこと？

「あなたが生まれてきたとき、四肢のない身体を見て、『この子は一生寝たきりの人生を送るのかもしれない』と思ったの。それでも、ベッドの上で元気に笑ってさえいてくれたら、それでいいって。そこがスタートだったから、それからはあなたが何をしたって、私たち夫婦にはよろこびでしかなかったのよ。寝返りを打った。起きあがった。自分で歩きだした。小学校にあがって、自分で字を書いたり、食事ができるようになったときには、もう天にも昇る思いだった。だからね、思ったの。これ以上、この子になにか望んだら、バチが当たるって」

わが子が生まれてくるにあたって、ほとんどの親が願うことがある。

「五体満足でさえあってくれたら――」

そうした意味で言えば、僕は多くの親が抱く望みを満たすことなく生まれてきた。でも、いや、だからこそ、両親は僕の育ちをすべて前向きに受けとめ、肯定してくれた。僕は〝五体不満足〟で生まれてきたからこそ、「ほめる育児」を実践してもらえたのだ。

わが子が生まれてくるときに願った「元気に生まれてさえくれれば」「五体満足でさえあってくれたら」――ほとんどの命が、そうした親の願いを満たして生まれてくる。だが、たいていの親は、子どもが無事に生まれてきたことへの感謝を忘れ、いつしか「あれができない」「これができない」と、わが子の〝未熟探し〟に没頭してしまう。親だって、自分だって、まだまだ未熟であることをすっかり棚に上げて。

モノサシを捨てよう

障害のある身体で生まれてきたからこそ、「できないこと探し」の育児ではなく、「ほめる育児」を実践してもらうことができた。そんな〝ケガの功名〟とも言えるスペシャルな子育ては、ほかにもプラスに作用することが多くあった。

育児本などでは、子どもに「してはならないこと」も多く書かれている。その筆頭とも言えるのが、兄弟やよその子など、だれかと比べること。

「お兄ちゃんは、こんなワガママは言わなかったわよ」

「○○君はできているのに、どうしてあなたは……」

発達や成長は、人それぞれ。特性も、ペースも、個人差がある。そんなこと頭ではわかっているのだが、親というものは、つい、だれかと比較をしてしまい、見劣りする部分ばかりを気にしてしまう、過剰反応してしまうものなのだ。

幸いにして、僕は一人っ子。家のなかには、モノサシとなる対象がいなかった。でも、一般的に考えれば、いくら一人っ子とはいえ、外に目を向ければ、いくらでも比較対象が転がっている。いとも簡単に、天秤の一方に載せられてしまう。

でも、僕には比較対象となるようなモノサシが見つからなかった。「天秤のもう一方」に載せるべき相手が存在しなかったのだ。

僕の幼少期の話を聞くと、変わっていたのは身体のカタチだけではなかったようだ。とにかく、寝ない子だった。夜泣きが激しく、ときには母が夜中におぶって散歩に連れだしたほど。後年、父から、「あの頃はたいへんだった。オレは、よくおまえを絞め殺さなかったと思うよ」と冗談を言われるほど、両親をひどく困らせていたようだ。ちなみに、親戚のあいだでは、「一日に三時間しか眠らなかった」と言われるフランスの英雄にちなんで、〝ナポレオン〟とあだ名されていたようだ。

さらに、僕はとにかくミルクを飲まない子だったらしい。育児書と照らし合わせても、僕はその時期に飲むべき量の半分も飲むことができなかったのだそうだ。

「これでは、栄養が取れない、成長できないのではないか――」

睡眠時間の件も合わせ、僕の発育に関して、母はずいぶんと頭を悩ませていたらしい。だが、悩みに悩んだ末、あるとき、吹っ切れたという。

「この子は、生まれたときから〝超個性的〟だったのだ。いまさらほかの子と比べたって仕方ない」

そこから、育児書のなかにある「平均」や「標準」と比べ、一喜一憂することはなくなったという。

周囲に「手も足もない子」などいなかったからこそ、僕はだれかと比べられることなく、あくまで、僕を基準に育ててもらうことができた。オリジナリティを大切にしてもらうことができた。

むずかしいことはわかっている。それでも、僕らが「平均」や「標準」というモノサシを捨て、その子なりの特性や発育のペースを尊重してあげることができたら――きっと、幸せな子どもが増えていくと思うのだ。

親鳥のやさしさ

こうして両親から愛され、認められてきた。だからこそ、僕のなかで自己肯定感が育まれていった。だが、僕にとってはもうひとつ、自己肯定感を育んでいくうえで欠かせない要素があった。それは、自己実現の機会――もっと平たく言えば、成功体験を積み重ねていくことだった。

成功体験と言っても、けっしておおげさなものではない。ハサミが使えるようになった。ボールが投げられるようになった。ひとりで階段を昇れるようになった。そのどれもが、一般的にはできてあたりまえのことばかり。だが、「一生寝たきりかもしれない」というところからスタートした僕にとっては、すべてハードルが高く、難易度の高いチャレンジ。だが、僕は何よりも、そうしたハードルにチャレンジする機会を与えてくれた両親に感謝をしているのだ。

わが子をかわいく思うばかりに、過保護に育ててしまうケースはいくらでもある。それが障害のある子となれば、なおさらだ。

「こんなカラダに生んでしまって申しわけない――」

そんな罪悪感にも似た感情が後押しするのだろうか。障害児が過保護に育てられてしまうケースが多いとも聞く。

だが、両親はちがった。ここまで書いてきたように、僕は「たっぷりと愛されてきた」はずなのだが、あまりあれこれと手伝ってもらったという記憶はない。待ってさえいれば、だれかが救いの手をさしのべてくれるという環境では、けっしてなかった。

だから、自分でやるしかなかった。ほかの友達が指先でするような細かい作業は、口を使った。手のひらで何かをつかむような動作は、ほっぺたと短い腕のあいだではさむようにした。ときに知恵をしぼり、ときにこの小さな身体につまった根性をフル稼働させた。とにかく、やるしかなかった。

だからこそ、それが「できた」ときには、何にも代えがたい達成感を得ることができた。だれもが難なく使いこなせるようになるハサミだって、僕にとっては難易度の高い大技。持ち手の一方を利き腕である左腕で支え、もう一方を口にくわえ、ハサミ全体を押し進めるようにして紙を切ることができるようになったあのときのよろこびは、三十年近く経ったいまでも忘れずにいる。

そうした「できた！」というよろこび、つまりは成功体験を積み重ね、自信を深めていくことができたのも、両親のおかげだ。

「そんなこと、私たちがやっておくから」

「それは危ないから、やめておきなさい」

そんな方針のもと、過保護に育てられてしまっていたら、僕はどんな人間に育っていただろう。

待っていれば、きっとだれかが手伝ってくれる——。

あたかも、親鳥がエサを運んできてくれるのを、ただ巣のなかで口を開けて待っているひな鳥のように、ひたすらだれかの手助けを待つ、受け身一辺倒の人生になってしまっていたのではないだろうか。

でも、当時の両親の心境を考えれば、きっとやさしい〝親鳥〟でいたかったにちがいない。僕があれこれ困ることがないよう、すべて先回りして「やっておく」ことのほうが、親としてはずっとラクだったはずだ。しかし、父も、母も、けっしてそれをしなかった。それが僕のためにならないことを理解していたのだろう。両親の〝手を出さない勇気〟が、僕を大きく育ててくれたのだ。

だが、両親もはじめから〝手を出さない勇気〟を持っていたわけではなかったという。ある日をきっかけに、僕に対して、「手を出さない」「口を出さない」ことを心がけるようになったのだと振りかえる。

「あなたが、まだ幼稚園に入ったばかりの頃だったかな。お友達の家に遊びに行ったの。そうしたら、そこで、あるオモチャを見つけたの」

それは、レゴブロックだった。レゴとは、プラスチック製のブロックで、小さな部品を組み合わせて、車や飛行機、船や城をつくることができる。

「でも、レゴって基本的には指先の細かな作業を必要とする遊びでしょ。だから、当然、あなたにはできないだろうと思って、うちでは買ったことがなかったのよ」

ところが、いざレゴブロックを発見した僕は、その魅力的なオモチャに興味津々。いっしょに遊ぶ約束をしていた友達のことはそっちのけで、帰る時間が来るまでずっとレゴに夢中。口や短い腕を器用にあやつり、二、三時間のうちに、友達よりも上手に動物などをつくって遊んでいたそうだ。

「それを見て、すごく反省したのよ。親が勝手に、『この子には無理だろう』と決めつけることはよくない。もしかしたら、いままでだって、こういうことはあったかもしれないなって」

以来、両親は、自分たちが勝手に引いたラインのなかで僕を育てるということをしなくなったという。

「まったく、うちの子は、やるまえからすぐにあきらめてしまうんだから……」

わが子の消極的な態度に対して、思わずぼやいてしまう親も多い。だが、ひょっとすると、その消極性は、「どうせ、この子には無理だろう」という親の思いが伝染してしまっているだけなのかもしれない。

車いす禁止令

心を鬼にして僕を突き放し、障害のある僕に自立心を育ててくれたのは、両親だけではなかった。小学一年生から四年生までの四年間、僕を受け持ってくださった恩師は、両親以上に厳しかった。

高木悦男先生は、五十代後半の大ベテラン。「つねに現場で子どもたちと向き合っていたい」と管理職試験を受けず、三十年以上も担任として子どもたちの指導に当たってきた。僕の入学が決まったときにも、「私に担任させてほしい」とみずから立候補してくださったのだそうだ。

周囲の心配をよそに、入学後の僕はいじめられたり、仲間はずれにされたりすることなく、すぐにクラスになじむことができた。それどころか、僕のまわりにはあれこれ世話を焼こうと気にかけてくれるクラスメイトがかならず群がっていて、いつも人だかりができていた。

クラスのなかで孤立してしまう可能性があったことも考えれば、それはとても好ましい状況にも思えた。だが、高木先生はそうは思っていなかったようだ。

「みんなの手伝ってあげようという気持ちは、とてもうれしい。でも、乙武君が自分でできることは、自分でやらせるようにしましょう。その代わり、どうしてもひとりでできないことがあれば、みんなで手伝ってあげてね」

なんと、障害のある僕を安易に手伝ってはいけないと子どもたちに伝えたのだ。

さらに僕が面食らったのは、入学して二ヵ月ほど経ってからのこと。休み時間などに校庭に出ると、僕の電動車いすがめずらしいため、たくさんの子どもたちが僕のうしろにぞろぞろと行列をつくった。その様子がおもしろく、みんなを従えているような王様気分になった僕は、ますます得意気に車いすを乗りまわした。

「このままでは、彼が〝特別な存在〟になってしまう――」

その様子に危うさを感じた高木先生は、僕を職員室に呼びだした。

「いいか。これからは校舎のなかはもちろん、校庭に出るときも、もう車いすに乗ってはいけないよ。がんばって自分の力で歩くようにしてみよう」

車いすを使わないときには、短い足を交互に出し、お尻をひきずるようにして移動する。ほかに言いようもないので、「歩く」と表現してはいるが、そんなに便利なものではない。ましてや、当時は小学一年生。いまよりもずっと身体が小さく、体力もない。にもかかわらず、「車いすを使わず、自分の力で校内を移動しなさい」と言われたものだから、目の前が真っ暗になった。

でも、僕は生来の負けず嫌い。多少の無理難題を言い渡されても、「無理に決まってる」と意気消沈するのではなく、「やってやろうじゃないか」と逆に闘志が湧いてくるタイプ。このときも、やはり同じだった。

車いすナシの生活が始まった。校舎内の移動はまだ何とかなったが、校庭での移動はさすがに過酷だった。車いすに乗っていたときには、そこまで広さを感じることのなかった校庭だが、いざ自分の足で歩いてみると、途方もない広さに映る。それまでは友達と同じ目線でながめていた景色も、みんなの腰のあたりからの視線になると、まるでちがった風景に見えた。

全校朝会が終わり、放送委員が音楽をかける。みんなはその音楽に合わせて、行進しながら校舎のなかへと消えていく。もちろん、僕はそんなスピードで歩くことはできない。だだっ広い校庭に、ひとり、ぽつんと取り残される。校庭が、どこまでも続く砂漠のようにも思われた。

冬が来た。つねに地面にすわっているような状態の僕には、お尻を通して校庭の凍えるような冷たさがじんじんと伝わってくる。この季節になると、いつもより校長先生の話が長く感じられた。

そんな僕に同情してくださる先生方もいた。

「たいへんだよなあ」

「高木先生、厳しいからなあ」

そんなやさしい言葉を僕にかけてくださるだけでなく、高木先生にまで意見してくださった。

「さすがに乙武君がかわいそうです。せめて、真冬だけでも車いすに乗せてあげたらどうですか」

それでも高木先生は頑として聞き入れず、その代わりにこんな言葉を口にしてくださっていた。

「いまだけ乙武君をかわいがってあげることは、いくらでもできる。でも、それが本当に彼のためになるのだろうか」

その後、僕が進学することになる中学、高校、大学は、すべてエレベーターなどの設備が整っていない、バリアフリーとはほど遠い校舎だった。僕は一階の階段わきに車いすを停めると、そこから座席の下に積んであるカバンを引っぱりだして肩にかけ、自力で階段をのぼって教室まで移動していた。

そうしたことができるようになっていたのは、高木先生の厳しいご指導があってこそ。もし、僕が甘やかされ、車いすから離れることのできない状態だったとしたら、進学先としても「うちには何の設備もありませんので……」と、受けいれに難色を示していたかもしれない。先生の厳しいご指導が、僕の可能性を広げ、人生における選択肢を増やしてくださったのだ。

もちろん、ただ厳しくすればいいというものではない。たとえ同じ指導を受けても、あまりの過酷さにつぶれてしまう子だっているだろう。きっと、高木先生は長年の経験から、「この子なら、少々厳しくしても食らいついてくる」という確信があったのだと思う。

真の厳しさとは、真の愛である——。

僕がこの社会で力強く生きていくうえでの土台を築いてくださった恩師のことを振りかえると、いつもこの言葉が頭に浮かぶ。

地獄の特訓

小学校を卒業してからも、高木先生との交流は続いていた。僕が二十歳を過ぎた頃だろうか。数年ぶりに、先生のご自宅におうかがいしたときのこと。しばらく談笑していると、先生は、「ちょっと待っててね」と言って、押し入れから当時の思い出がつまったアルバムを出してきてくださった。

「うわあ、なつかしいなあ。僕、こんなにちっちゃかったんですね」

「そうそう、こんなこともあったよなあ」

そこには、たくさんの僕がいた。入学したての、まだあどけない表情をした僕。ハサミを口にくわえ、真剣な面持ちで折り紙とにらめっこする僕。そして、おびえた表情でプールサイドにたたずみ、じっと水面を見つめる僕――。

「ああ、プール。本当にイヤだった。僕は小学校生活を振りかえっても楽しかった思い出ばかりですけど、このプールだけはどうにも好きになれませんでしたね」

「いっつも泣きべそかいて、『イヤ、イヤ』って言ってたもんね」

先生は、いたずらっぽい笑みを浮かべる。

「そりゃ、そうですよ。なのに、先生、ちっとも耳を貸してくれないんだもん。ちょっと休んでると、『さあ、もう少しがんばってみよう』って」

「あはは。ごめん、ごめん」

当然のことながら、僕はプールの床に足がつかない。さらに、いまよりももっと腕が短かったため、自分の顔についた水を拭うこともできずにいた。小さい頃に自宅の湯船で溺れかけたこともあり、とにかく水に対する恐怖心が強かった。プールの時間が近づいてくると、気分がどんよりと落ちこんでいったのを覚えている。

それでも、担任は〝鬼の高木〟。いくら僕がプールを嫌おうとも、容赦などしてはくれなかった。還暦間近という年齢ではあったが、いつも水着姿になっては率先して水のなかに入り、「さあ、来い！」とばかりに両手を広げ、僕を待ち受けていた。

だから、毎年、一学期が終わるとホッとした。夏休みになるのがうれしかったのではない。しばらくプールに入らなくてすむことが、うれしくてたまらなかったのだ。ところが、三年生のときだっただろうか、終業式を終えて帰ろうとする僕を呼びとめると、高木先生は信じられない言葉を口にした。

「夏休みのプールも来られるよな。先生も毎日出てくるから」

僕は強《こわ》ばった表情で、おそるおそる、うしろを振りかえった。そこには、にっこり笑ってうなずく母の姿があった。

悪魔……。

こうして、僕はずっと高木先生とのマンツーマンでプール特訓に明け暮れる、憂うつな夏休みを過ごしたのだった。

だが、そのあと僕も教師になったことで、気づいた事実がある。夏休み期間中のプールの指導に当たる教員は、当番制だ。学校の規模にもよるだろうが、二、三回も担当すればいいはずだ。にもかかわらず、高木先生は毎日参加してくださっていた。当時、町田市にあったご自宅から世田谷区用賀まで、片道一時間半はかかったはずなのに――。

アルバムのページをなつかしそうにめくりながら、高木先生はメガネの奥で目を細めながらつぶやいた。

「この時期はさあ、あれだけ嫌がってた君を無理やりプールに連れてきては、いっしょに練習していたでしょ。あれ、なぜだかわかる？　本当は泳げるようにしたかったわけではないんだよ」

――え、ちがったんですか。うーん、ちょっとわからないです……。

「もしね、君が万が一、水の事故に遭ったとき、だれかが救助に駆けつけるまで、自力で水に浮いていられるように、せめてそこまでにはしておきたかったんだ」

僕は返答につまり、胸に熱いものがこみあげてくるのを感じていた。僕は十年以上も気づくことができなかった。あの厳しかったご指導の裏には、そんなにも深い思いがあったのだということを。

後年、ほかの先生からお聞きしたのだが、高木先生はふだんからこんなことを口にしてくださっていたそうだ。

「乙武君に怖い先生だと思われてもいい。いつか、『あの先生に受け持ってもらってよかった』と思ってもらえる日が来れば、それでいい」

魔法のルール

「え、ホントに？」と疑惑の目を向けられることが多いのだが、子どもの頃を振りかえっても、親から「勉強しなさい」と言われた記憶がない。こんな書き方をすると、「乙武さんは勉強が好きだったんだ」と勘違いされそうだが、もちろん、そんなことはない。僕だってご多分に漏れず、できれば勉強などしたくないという子どもだった。

では、なぜ勉強嫌いだった僕が、親に言われなくとも机に向かう習慣を身につけることができたのか。母が、僕に魔法をかけたのだ。

テレビゲームの原型とも言われるファミリーコンピュータ（通称：ファミコン）が発売されたのが、一九八三年。僕が小学一年生のときだった。発売当時はそこまで興味があったわけではなかったが、『スーパーマリオブラザーズ』や『ドラクエシリーズ』といったヒット作が生まれていくと、僕もあっという間にのめりこんでいった。

「マズイものが流行りだしたなあ……」

当時の子を持つ親たちは、一様にこんな心境だったのではないだろうか。おそらくは、僕の両親も似たような思いを抱いていたにちがいない。だが、母はこうしたブームを逆手《さかて》に、ある秘策を編みだしたのだ。

「もちろん、ゲームをしてはダメなんて言わない。テレビだって見たいでしょう。でも、生活がそればっかりになってしまうのは、いいことだとは思えないの」

そこで、わが家に新たなルールが誕生した。

「一日のなかでゲームをした時間、テレビを見た時間と、勉強や読書をした時間は同じでなければいけない」

つまり、一時間ゲームで遊び、一時間テレビを見たら、その日は勉強か読書に二時間を費やさなければならないのだ。

このルールが、僕にはうまくハマった。少しでも長くゲームをやりたいがために、僕は必死で勉強した。どうせ机に向かうなら、だらだらと時間だけを費やすことはしたくない。勉強にあてると決めた時間は、しっかりと集中して取り組んだ。

すると、ぐんぐん成績も伸びていく。面白いもので、やはり結果が出れば、勉強もそれほど苦には感じなくなってくる。「次回もまたいい点が取りたい」——自然にモチベーションも上がっていった。

ただ、誤解してほしくないのは、僕はけっしてこの方法をベストだと言いたいわけではない。このルールが、たまたま僕の性格に合っていた、ということだ。いや、「たまたま」と言っては、母の慧眼《けいがん》に失礼か。母が僕の性格を見抜いたうえで、絶妙なルールを考えだしてくれたのだ。

「勉強しなさい」

こんな押しつけがましい言い方で、子どもが「はい、わかりました」と素直に机に向かうようになってくれるのなら、それほどラクなことはない。だが、ほとんどの子どもには、もうひと工夫も、ふた工夫も必要になってくる。

どのようにしたら、わが子に「勉強したい」という気持ちを抱かせることができるのか。その子にピッタリの効果的な作戦を編みだすには、「うちの子は、どんな性格なのか」「いまは何に興味を持っているのか」といったことを、親がしっかり認識しておかなければならない。

「小さい頃から熱心に勉強していた」と言えば聞こえはいいが、わが子の性格を見抜いていた母の手のひらで、僕は気持ちよく踊らせてもらっていただけなのだ。

マグマの噴火

子育て中は、悩みの連続。そのなかでも、親が最も頭を悩ませる時期のひとつが反抗期かもしれない。

「うるせえな」

「黙ってろよ」

いままでおとなしく親の言うことを聞いていたわが子が、いきなりこんな乱暴な言葉を吐くようになるのだから、親としても戸惑いがあって当然だろう。しかし、反抗期とは、言ってみれば、「親離れ」「子離れ」のための通過儀礼。これを通らずに成長していくことのほうが、よっぽど怖いことだと思う。だが、子どもが必死に「親離れ」しようとしているのに、親が「子離れ」できずにオロオロしてしまう

——これが、多くの家庭で見られるパターンではないだろうか。

「あなたは生まれた頃から反抗期だった」

母が苦笑いで振りかえるほど、僕は生まれたときから気性が激しく、きちんと納得できないと、親の言うことでさえ聞かないような子どもだった。本格的な反抗期は、小学五年生のときに到来。何をするわけでもないのに部屋のドアを閉めきり、勝手に入ってこようものなら、「だれの部屋だと思ってるんだ。ノックもなしに入ってくるな」と怒鳴りたてるようなことをしていた。

「それ以前に、だれの家だと思ってるんだよ！」

思わずツッコミを入れたくなるような子どもじみた発言だが、それでも両親は僕の思いを受けとめ、部屋に入るときにはノックをしてくれるようになった。

ところが中学生になると、僕の反抗期はますます激しいものになっていく。朝起きて、「おはよう」と言われても、何か腹が立って「うるせえ」と返してしまう。家のなかは、僕のせいで、つねに殺気立っていた。

当時の感情がどういったものだったのか、僕にもうまく説明ができない。ただ、行き場のないエネルギーが体内に充満して、それが噴火直前のマグマのように、絶えずグツグツと煮えたぎっていたことだけは覚えている。それが、親から何かしらの刺激を受けると、プスーッと音を立てて蒸気が漏れはじめ、やがて爆発を迎えてしまうのだ。毎日が、その繰り返しだった。

母は、当時のことをこう振りかえる。

「私自身がふたり姉妹で育ったし、家のなかに男の子がいたことがなかったから、やっぱり驚きが大きかったかな。まあ、聞いてはいたけれど、こんなにすごいものなのかって」

母と顔を合わせれば、衝突する毎日。あまりにケンカばかりするものだから、あきれた父からは、「ふたりとも、しばらく会話をするな」との〝お達し〟が出たほどだ。

いまになってみると、僕も、母も、どんなことが原因でそこまで衝突を繰り返していたのか、まったく思いだすことができない。おそらくは僕が生意気な口をきき、母がそれにいちいち腹を立てていたのだろう。

だが、ふたりともが鮮明に覚えている〝事件〟がある。僕が中学二年生のときだった。登校前のあわただしさのなか、僕と母はいつものように衝突した。原因が何だったのか、いまでは思いだすことができない。だが、いつもより激しいケンカとなり、激高した母は大声でさけんだのだ。

「もう勝手にしなさい！」

本来なら、中学生にとって、「勝手にしろ」と言われるほどうれしいことはない。自分の思うように行動してよいというお墨付《すみつ》きをもらったようなものだ。だが、僕の場合は、やや具合が悪かった。勝手にしようにも、僕には手と足がない。母の助けがなければ、学校に行く準備もできないのだ。

幸いにして、着替えや歯磨きだけはすんでいた。ただ、僕はひとりでドアを開けることができない。母が「行ってらっしゃい」とドアを開けてくれなければ、家から出ることができないのだ。

「手を貸さないという手段に出ることがよくないことだとは思ってた。だけど、あのときばかりは本当に腹が立って、『そんなに生意気なことを言うなら、ぜんぶ自分でやってみなさいよ』という気持ちになったの。それが、まさかあんなことになるなんて――」

母に突き放された僕は、しばらく途方に暮れた。だが、僕にだって意地がある。木製の椅子を一脚、リビングから玄関のところまで引きずっていった。そして運んできた椅子によじのぼり、ほっぺたと腕のあいだにドアノブをはさみ、少しずつ顔の角度を変えるようにしてゆっくりと回してみる。

開いた！

ふたたびドアが閉まらないように、肩にかけていた荷物をはさむ。そうして椅子から飛びおりた僕は、電動車いすに乗り、意気揚々と家を出ていったのだ。

「あの姿を見ていたら、それまで腹立たしかった気持ちも消えて、なんだか頼もしいなって。この子は社会に出てからも、障害があるから、だれかに手伝ってもらわなければいけないからという理由で、遠慮したり、自分の意見を控えたりするような人間にはならないだろうなって。ちょっと安心したところもあったの」

反抗期の子育ては、あまり親子が近づきすぎず、適度な距離感を保って子どもを見守っていくことが大事だと言われる。だが、わが家においては、おおいにぶつかったことで、おおいなる理解が生まれたような気もする。その事件を境に、僕と母との〝戦争〟は少しずつ収束に向かっていった。

相談しないのは信頼の証

最近は、ツイッターを通じて多くの方から悩みを相談される。老若男女さまざまだが、やはり若い方から寄せられるメッセージが多い。悩みの内容も、恋愛や友人関係、進路や就職など、これまたさまざまなのだが、なかには僕にとって不可解に映るものもある。

「私はAという道に進みたいと考えているのですが、親にはBにしろと言われています。どうしたらいいのでしょうか?」

こういうとき、僕はきまって同じ答えを返すことにしている。

「だれの人生?」

そもそも、なぜ親が、「ああしろ」「こうしろ」と他人の人生に口を出すことができるのだろうか。いや、自分の子どもなのだから〝他人〟ではないのかもしれない。それでも、わが子が進む方向を「あっちだ」「こっちに行け」と命令できるような権利は、親にだってないはずだ。

わが家では、考えられないことだった。

僕の場合、生まれつきの障害がある。それも、かなりの重度だ。そのことを考えれば、進路や職業における選択の幅はおのずとせばまってしまう。親としても、僕の将来に対する不安は、かなり強くあっただろう。それでも、「こういう道に進みなさい」と指図を受けたことは一度もない。それどころか、小学生の頃にこのカラダで「プロ野球選手になりたい」と言いだしたときも、「アメリカの大統領になりたい」とブチあげたときも、「無理に決まってる」などとは言わなかった。にっこり笑って、「あら、そうなの」と受けとめてくれた。

思いかえしてみると、両親に何かを「相談した」という記憶がない。中学時代にバスケットボール部に入部したときも、高校時代にアメリカンフットボール部に入部したときも、一浪しているにもかかわらず、第一志望である早稲田大学しか受験しないと決めたときも、本を書くと決めたときも、運転免許を取ることも、教師になることも、そして結婚も――両親に伝えたのは、すべて僕のなかで答えが出てからだった。

もちろん、彼らのことを信頼していなかったわけではない。むしろ、逆なのだ。彼らなら、きっと僕の下した決断を尊重してくれるだろうと信頼していたからこそ、あえて相談しなかったのだ。

そして、両親は僕の出した結論に対して、一度も異を唱えることはなかった。おそらく内心では、心の底から驚いたり、「それはやめておいたほうが……」と不安に思ったこともあっただろう。それでも、「やめておきなさい」「こっちにしなさい」と無理に道を曲げるようなことはしなかった。

「だって、あなたにそれを言ったところで、聞くような子じゃなかったもの」

母は冗談めかして言うが、彼らは彼らなりに、やはり僕のことを信頼してくれていたのだろうと思う。

「わが子のため」を標榜《ひょうぼう》しながら、じつは親の意向を押しつけてしまっているパターンは少なくない。もちろん、その思いの根っこにあるのは「わが子のため」なのかもしれないが、それを無理強《じ》いすることで、いちばん大切にしなければならない「わが子の思い」を踏みにじってはいないだろうか。

結婚の条件

「僕の意志を尊重してくれているんだな」

両親に育てられるなかで、そんなふうに感じられる場面はいくつもあったが、あのときほど痛烈にそのメッセージを感じたことはない。

僕が中学生だったときのことだ。夕食も終わり、母とリビングでテレビを見ていた。くわしい内容は忘れてしまったが、サスペンスものの二時間ドラマだったと記憶している。主人公の若い女性が、何らかの理由で、母親から結婚を強く反対されていた。そのことが引き金となり、不可解な殺人事件へと発展していく――そんな物語だった。

僕はストーリーそのものには興味が抱けず、ただし別の観点からそのドラマが気になってしまった。

「親というものは、なぜわが子の結婚に反対するのだろうか」

もちろん、わが子の幸せを願ってのことなのだろうが、そのわが子が、「自分が幸せになるためには、この人が必要だ」と決めた相手なのだ。そうした決断を頭ごなしに否定することの意味が、僕にはまったくわからなかった。

同時に、わずかな不安もよぎった。うちの両親も、将来、僕が結婚を決めた相手に対して、その決断に対して、「待った」をかけることもありうるのだろうか、と。

僕は、おそるおそる、たずねてみた。以下は、そのやりとりである。

――ねえ。もちろん、いますぐ結婚できるわけでもないし、いま特定の相手がいるわけじゃないんだけど、将来、オレが結婚するとき、こういう相手だったらイヤだなとか、きっと反対するなっていうの、あったりする?

「うーん、そう言われてパッと思いつくような人はいないけど……たとえば、こうとか、もっと具体的に聞いてみて」

――うーん、じゃあ、たとえば外国人。

「いいじゃない。お嫁さんが外国人なんて、すごく楽しそう！」

――じゃあ、すごく年上の人。たとえば二十歳くらい上とか。

「全然かまわないわよ」

――じゃあ、オレと同じように障害がある人。

「まあ、あなた自身が生活において手助けが必要となるわけだから、その場合、どうやって生活していくのかなという疑問はあるけど、でも、そこさえクリアできればいいんじゃない？」

――じゃあ、犯罪者。たとえば、過去に殺人を犯したことがあるとか。

「うーん……」

母の顔が、一瞬、曇った。

「そのときになってみないと何とも言えない。でも、受けいれられるように努力はする」

この答えが、僕には、いちばんうれしかった。

もちろん、僕に「犯罪者と結婚したい」という明確な意志があったわけではない。ただ、自分の親がどこまで「認める」ということに対しての覚悟があるのか、生意気ではあるが試してみたかったのだ。

おそらく、最初の三つ――外国人、年上の女性、障害者は、母の価値観に照らしあわせても、何の問題もなかったのだろう。ただ、四つ目の問いに関しては、ボーダーラインだった。いや、いままで考えてみたこともなかったというのが正解かもしれない。それでも、母は逃げなかった。そして、「受けいれられるよう努力する」という最高の答えをくれた。これは言いかえれば、「たとえ私の価値観にそぐわなくても、あなたの決断を尊重する」ということだと受けとれる。

結局、その十年後に僕が結婚することになった相手は、このとき挙げた要件をひとつも満たさない、とくに反対されるような理由も見つからない相手だったので、母の類《たぐ》いまれなる柔軟性が発揮されることもなかった。だが、あのとき受けとった「あなたの意志を尊重する」という母からのメッセージは、いまでも僕のなかで息づいている。

「不幸」の烙印を押さないで

僕のような身体障害者が、みずからの障害をどう捉えるか。それには、親の態度が大きく影響するのではないかと感じている。

「こんな身体に生んでしまって申しわけない」

そう考える親のもとに生まれれば、きっと本人も「自分は不幸な身に生まれたのだ」と十字架を背負わされたかのような心持ちになるだろう。逆に「べつに手足なんて何本だっていいわよ」という、おおらかな親のもとに生まれれば、おそらくみずからの境遇に失望せず生きていくことができるのではないか。たまたま、僕はそういう親のもとに生まれ、みずからの障害をとくに悲観することなく生きてくることができた。

どちらが正しく、どちらがまちがっているということはない。どちらも、わが子を愛しているからこその思いだ。ただ、生まれつきの障害者のひとりとして言わせてもらうならば、後者のような親のもとで育てられたほうが、障害者本人にとってはラクだろうなあと思う。障害児の親は、愛ゆえに、生まれたばかりのわが子に

「不幸」の烙印を押してしまっていないだろうか。障害者として生きていくことは、本当に不幸なことなのか。はたまた障害と幸不幸には、何の相関関係もないのか。それは親ではなく、本人が生きていくなかで判断していくべきことだと思うのだ。

もちろん、平坦な道でないことはわかっている。進学、就職、結婚――。障害者として生きていくには、まさに多くの「障害」が待ちかまえている。だが、健常者に生まれたからといって、幸せな人生を歩めるとはかぎらない。そして、障害者に生まれたからといって、不幸になるともかぎらない。つまり、生きてみなければ、その人の人生が不幸かどうかなんてわからない。どんな苦しい境遇に生まれても、大逆転で幸せな人生を歩むことになるかもしれない。それなのに、生まれた時点で「この子は不幸だ」と決めつけてしまうのは、あまりにもったいない気がしてしまうのだ。

出生前診断というものがある。おもに胎児に異常があるかを確認するために行われる、出産前の検査のことだ。ここで何らかの異常が認められれば、その命をあきらめてしまう親もけっして少なくないという。「命の選別につながる」として、そうした検査を批判する声も強くある。

もちろん、子どもを生み、育てていくのは親だ。その親が検査にのぞんだ結果、「やはり、障害者としての人生は不幸にちがいない。だから私たちは中絶する」という決断を下したならば、何も言うことはできない。しかし、幸せな人生を歩むかもしれなかった命が、生まれてくる権利も与えられないという事実は、じつに忍びがたい。

じつは、母からこんな告白を受けたことがある。

「もし、私が出生前診断を受けて、事前にあなたのような障害があるとわかっていたら、私だって出産していたかわからない」

つまり、僕は生まれてくることを許されない命だったかもしれないのだ。だが、生まれてきた僕をはじめて目にした母は、「かわいい」と抱きしめてくれた。障害があっても、両親とも愛情いっぱいに僕を育ててくれた。

いま、僕はとても幸せな人生を歩んでいる。家族や友人、仕事や健康に恵まれ、これ以上、望むものはない。いつしか、僕の存在そのものが何らかの役割を果たせたらと思うようになった。

乙武さんのように、幸せそうに生きている人もいる——。

出生前診断により胎児に障害があるとわかっても、僕の生きる姿から「生む」決断をしてくださる方が少しでも増えるようなことがあれば、これ以上のよろこびはない。もちろん、僕のような身体障害と、知的障害を始めとするさまざまな障害をならべて同様に議論することはできない。また、経済的な負担についても、考慮に入れる必要があるだろう。それでも、僕の存在がみなさんにとって考えるきっかけになればと願っている。

障害の有無にかかわらず、一つひとつの命が輝くことのできる社会へ。その実現に向けて尽力していくことが、愛情いっぱいに育ててくれた両親に対する最大の恩返しだと思っている。

第二章　教師として

スポーツから教育へ

大学卒業後は、スポーツライターという仕事を選んだ。一流のアスリートにインタビューをしたり、試合や練習の現場へ足を運び、そこで見たこと、感じたことを原稿にまとめたり——子どもの頃からあこがれを抱いていたスポーツの世界で輝く人々にお会いし、彼らの声を生で聞き、僕の文章で伝えていくという仕事は、これ以上ない刺激とよろこびに満ちていた。

だが、二〇〇五年四月からの二年間は、東京都新宿区教育委員会の非常勤職員「子どもの生き方パートナー」として、そして二〇〇七年四月からの三年間は、杉並区立杉並第四小学校教諭として、子どもたちと歩むことになった。

スポーツから教育へ。ここまで大きく舵《かじ》を切ることになるとは、自分でも思っていなかった。まわりからも、「なぜ?」と聞かれることが多い。そこには、あるふたつの事件が、大きく影響している。

二〇〇三年七月、長崎県長崎市で、男児誘拐殺人事件が起こった。家族とともに大型家電量販店に来ていた当時四歳の男の子が、何者かに連れ去られ、少し離れた立体駐車場の屋上で全裸にされ、暴行を加えられ、ハサミで性器を切りつけられた。さらには屋上から約二十メートル下の通路に突き落とされ、殺害されたのだ。この事件がよりセンセーショナルに報道されるようになったのは、容疑者が特定されてからだった。現場の防犯カメラに映っていたのは、市内の中学一年生、当時十二歳の男の子だったのだ。

二〇〇四年六月、こんどは長崎県佐世保市で、当時十一歳、小学六年生の女の子がカッターナイフでクラスメイトを切り殺すという事件が起こった。学校の教室が舞台とされたことや、また被害者の首には約十センチもの深い傷が見つかるなど、小学六年生の女児とは思えない残忍な殺害方法であったことから、この事件も世間に大きな衝撃を与えることとなった。

これらの事件を、マスコミは大々的に報道した。

「凶悪犯罪が低年齢化している」

「最近の子どもたちはどうなってしまったんだ」

こうした凶行の責任のすべてを子どもたちだけに求める論調が、ほとんど。だが、僕の感想は、またちがうものだった。

かわいそうだな――。

もちろん、いちばん気の毒なのは命を落とした被害者であり、そのご遺族の方々であるということは十分に理解している。それでも、僕は事件を起こしてしまった側の少年少女たちにも、「かわいそうだな」という感情を禁じえなかったのだ。

なぜか。

「犯罪者になってやろう」

「人殺しになってやろう」

そんなことを思って生まれてくる命などない。だれもが、「幸せになりたい」「よりよく生きたい」という願いを抱いて生まれてくる。それは、事件の加害者である少年少女だって同じだったはずだ。

ところが、彼らはわずか十二年という短い年月のなかで、育ってきた環境、経験してきた出来事、それまでの出会い、そのほかさまざまな要因によって、そうした事件を起こさざるをえない、苦しい状況に追いこまれてしまったのではないだろうか。

でも、彼らだって、どこかでＳＯＳのサインを発信していたはずだ。

「僕はいま孤独なんだ、苦しいんだよ……」

「このままだと、私、壊れちゃうよ……」

それがどんな形だったかはわからないが、きっと彼らなりにサインを発してくれていたのではないかと思うのだ。まわりの大人たちは、そのサインに気づいてあげられなかったのだろうか。もし、軌道修正してあげることができていれば、彼らだってああした事件を起こさずにすんだのではないだろうか。そう考えると、やはり子どもが成長していくうえで、大人が与える影響、そして大人が果たすべき役割には大きなものがあるのではないかと、あらためて気づくことができた。

ならば、僕のまわりにいた大人はどうだったのだろう——。

第一章でも書いてきたように、僕は両親や学校の先生はじめ、多くの大人たちから愛情を受けて育った。だからこそ、重度の障害があって生まれてこようが、自分を否定することなく、充実した毎日を送ることができている。

「だとしたら、こんどは僕の番なんじゃないだろうか」

こうして育ててもらった僕だからこそ、こんどは僕が大人という立場で——「恩返し」というよりも「恩送り」という気持ちで、次の世代、子どもたちのために力を尽くす番なのではないかと考えるようになったのだ。

こうして、僕はスポーツから教育へと大きく舵を切っていった。

会議室じゃない

こうして教育に関心を持つようになった僕のもとに、これ以上ないタイミングでのオファーが舞いこんだ。

「読売新聞の創刊百三十周年にあたって、教育をテーマとする番組をつくりたい。そこで、ぜひメインパーソナリティとして関わってほしい」

こうして、僕は日本テレビ系『乙武洋匡の世界で一番楽しい学校』という番組の取材を通して、世界五ヵ国のユニークな取り組みを行う学校を訪れる機会に恵まれた。

　また、二〇〇五年四月からは、東京都新宿区教育委員会の非常勤職員「子どもの生き方パートナー」として、新宿区立の小・中・養護学校を回ることとなった。子どもたちとふれあい、授業の様子を見学し、そこで感じたことを教育委員会に提言するという活動をさせていただくことになったのだ。

　作家・重松清《しげまつきよし》さんとお会いしたのは、こうしたフィールドワークを通して、まさに教育への見識を深めていこうとしていたときのことだ。

「乙武君がこうして教育に興味を持ってくれるのはすばらしいことだし、応援もしてる。でもね、いつか〝壁〟にぶち当たる時期が来ると思うんですよ」

――壁、ですか？

「教育界の人たちってね、そう頭のやわらかい人ばかりじゃない。だから、これから乙武君がいくら教育について見識を深めたとしても、いざ何かを動かそうとしたときに、『ところで、君は教員免許を持ってるの？』という話になると思うんだ」

　実際、『ナイフ』や『エイジ』など、学校や子どもが抱える問題をリアルに描いた作品が多い重松さんのもとには、「おまえに教育の何がわかる。だいたい教員免許を持っているのか」という手紙が寄せられることもあるという。

「でもね、じつは僕、教育学部出身で教員免許も持っている。だから、『僭越《せんえつ》ながら、持っております』と返すと、相手は急におとなしくなっちゃう。くだらないでしょう。じつにくだらないんだけど、世の中って結構そんなもん」

たしかに、くだらない。だが、いくらこちらが「くだらない」と鼻で笑ったところで、教育界から門前払いを食らい、「外野の人間が何か言ってる」と〝お客さん扱い〟しかしてもらえないなら、まるで意味がない。ついに、僕は教員免許を取得することを決意した。人生で二度目となる大学生活がスタートしたのだ。

この時点で、僕は教師になるために教員免許取得を目指したわけではなかった。教育界に参加するための、いわば通行証として教員免許を必要としていたのだ。だが、「子どもの生き方パートナー」として、新宿区内の学校を回るうち、少しずつ心境に変化が表れはじめた。

はじめは、「学校現場はきちんとやっているのだろうか」という、なかば疑いの目で見てしまうところもあったのだが、どの学校に足を運んでみても、情熱を持って子どもたちと向きあう先生、すぐれたアイディアで子どもたちが引きこまれるような授業を行う先生と出会うことができた。そうした姿を目にするうちに、僕はある人気ドラマの有名なセリフを思い出していた。

「事件は会議室で起こっているんじゃない。現場で起こっているんだ」

これは大ヒットしたテレビドラマ『踊る大捜査線』で、織田裕二扮《ふん》する主人公・青島刑事が現場を軽視するキャリア官僚に向けて言い放つ名ゼリフだが、僕も教育現場を回るうちに同じことを思うようになっていた。

「教育は文科省の会議室で行われているわけじゃない。教室という、このひとつひとつの現場で行われているんだ」

この子どもたちは、僕が教師として、責任を持ってお預かりしている——。

そうした立場になって、初めて見えてくること、感じられることもあるのではないか。そんな思いから、ただ教育界への通行証として教員免許取得を目指すのではなく、実際に教師を目指すようになったのだ。

だが、教師を目指すと言っても、僕のような重度の障害者を採用してくれる自治体などあるのだろうか。そんなときに手を差し伸べてくれたのが杉並区だった。

「乙武さんなら、自身の多様な経験を子どもたちに直接語りかけていくことで、みずからを価値ある存在としてとらえる力、みずからの生き方を主体的に探りだす力、困難を乗りこえて力強く生きる力など、社会の形成者として自立できる力を育成できる」

僕のこれまでの生き方を評価し、区の予算で独自に採用する「任期付き教員」として、三年契約を結んでくださった。こうして、僕は二〇〇七年四月から三年間、杉並区立杉並第四小学校教諭として、教壇に立つこととなった。

「トイレに行っていいですか？」

小学校教師となって二年目、はじめて担任したのは三年生だった。教育界では、〝ギャングエイジ〟とも呼ばれる、元気いっぱいの子どもたち。だが、彼らとの学校生活が始まってみると、想像していたイメージとはだいぶ異なる部分もあった。

まず最初に驚いたのは、授業が終わったあとにかならず寄せられる質問だ。

「先生、トイレに行ってきていいですか？」

僕はその質問に対して、思わず「えっ？」と聞き返しそうになった。さらに面食らったのは、そうした質問をする子どもが、ひとりではないこと。僕のまえに数人の列ができるほどなのだ。

だが、僕はけっして「いいよ」とは言わなかった。以下が、授業後に恒例となったやりとりだ。

「先生、トイレに行ってきていいですか？」

――いまは何の時間だっけ？

「えっと、休み時間です」

――休み時間っていうのは、トイレに行っていい時間？　いけない時間？

「うーん……いい時間」

――じゃあ、あとは自分で考えてごらん。

面倒くさい教師だと思われるかもしれない。いや、実際に、僕自身だって面倒くさい。「いいよ」と言ってしまえば、たったひとことですむことなのに、毎日、わざわざこうしたやりとりを繰り返すのだ。

理由は、かんたん。小学三年生という発達段階において、休み時間にトイレに行っていいのかを自分で判断できないのはマズいと考えたからだ。

しかし、こうした症状が見られたのは、けっして休み時間だけではなかった。たとえば、授業中。子どもたちが自分の考えをノートに書きこもうとすると——。

「先生、新しいページにしたほうがいいですか？」

「ここは一行空けるんですか？」

自分のノートにもかかわらず、どのように書いたら見やすいのかを自分で決められず、教師にすべてを委ねてしまうのだ。これは危険な兆候だと感じた。このままでは、自分で考え、自分で決断することを放棄する人間になってしまう。

だからと言って、そのことで子どもたちをなじる気にもなれなかった。きっと彼らだって好んでそうなったわけではなく、親や教師の影響によって、「自分で決められない子」になってしまったのだと思うのだ。

子どもとは、本来、好奇心旺盛なものだ。いくら親が顔をしかめようとも、あれこれとやってみたがる性質がある。そうした子どもたちのチャレンジに対して、大人たちはどのように受けとめているだろうか。

もしも、それが大人にとって好ましい結果であれば、「よくできたね」「がんばったね」。ところが、それがいざ大人にとって好ましくない事態に発展すると——。

「何やってるの！」

「もう、だから言ったでしょ」

感情に任せた金切り声をあげて、子どもたちを圧迫してしまう。こうした言葉をかけられた彼らは、いったいどのように考えるだろうか。

「せっかくがんばったのに、怒られちゃった……」

「大人に言われたことだけやっていれば、きっと怒られなくてすむんだ」

「これからは、自分から何かをするのはやめよう」

世間には、「指示待ち族」と呼ばれる若者たちを揶揄《やゆ》する声がある。だが、こうして指示されたこと以外をやろうとしない若者を増やしているのは、ほかならぬ大人たちの態度なのではないだろうか。

子どもたちの行動に対して、僕らはあまりに〝結果〟だけで判断してしまってはいないだろうか。成功したから「よくできたね」、失敗したから「こら、何やってるの！」——。大人がこうした態度では、子どもたちが失敗をおそれて、みずから行動しないようになるのも無理はない。

たとえ失敗しても、結果ではなく、まずはチャレンジした姿勢を受けとめ、評価してあげてほしい。

「今回は残念だったけど、よくがんばったね」

「やりかたを変えてみたら、次回はうまくいくかもね！」

大人たちがそんな言葉がけをしていくようになれば、子どもたちもチャレンジする心を失うことなく、「よし、またがんばってみよう」という意欲が湧いてくるのかもしれない。みずから考え、みずから動ける人を育てていくためにも、まずは子どもたちを受けとめ、励ましとなる言葉をかけていきたい。

憲法〝第十八条〟

こんなこともあった。教員一年目、六年生に社会科を教えていたときのこと。その日の授業は、聖徳太子が制定したと言われる「十七条の憲法」について（現在では、「聖徳太子は実在しなかった」という説もあるようだが……）。

「第一条では、『みんな仲良くしなさい』ということを言っているんだよ」

「第二条では、『仏教を篤《あつ》く信仰しなさい』ということを言っているんだよ」

まずは、教科書に書いてある必要最低限の内容を教える。だが、僕は日頃から、知識の伝達を行うためだけの一方通行的な授業にはしたくないと考えていた。そこで——。

「じゃあ、教科書を閉じてください」

子どもたちは戸惑いながらも、言われたとおりに教科書を閉じる。僕は続けた。

「いまから、みんなには聖徳太子になってもらいます」

僕の言葉に、子どもたちはますます目を白黒させる。

「いまも勉強してきたように、聖徳太子は、何とかこの世の中を平和にしたいと願って、この『十七条の憲法』をつくりました。じゃあ、みんなもいまから聖徳太子の気持ちになって、この世の中を平和にするための〝第十八条〟を考えてみよう」

「えーっ」という悲鳴とも歓声ともつかない声をあげながら、子どもたちが机に向かう。数分後、数々のユニークな条文が誕生した。

食いしんぼうの女の子が、たどたどしい口調でノートの文字を読みあげる。

「えーっと、食べものが余ってたら……分けてあげる」

教室から、どっと笑い声が起こった。つぎに手をあげたクラス一の秀才君は、やや早口でまくしたてた。

「力のある豪族からは、より多くの税金を取る」

これには、「おーっ」というどよめきが起こった。

もちろん、フツーに考えれば秀才君の考えたアイディアのほうが優れているのかもしれない。だが、僕はどちらにも等しく「〇」をつけた。僕の評価の観点は、「平和な世の中を実現するための憲法を、自分の頭で考えることができたか」。だから、「食べものを分けてあげる」だって、オッケーなのだ。

ただ驚いたことに、子どもたちのノートを見て回ると、何も書けていない子がクラスの半分近くもいた。記号に○をつける選択式問題には強いが、自分なりの考えを書かなければならない記述式問題は苦手——日本の子どもたちには、そんな傾向があると耳にはしていたが、まさにそうした場面を目の当たりにする結果となったのだ。

だが、子どもたちがこうした問題を苦手とするようになったのは、彼ら自身に責任があるのだろうか。僕はこれまでの教育のあり方を考えると、「仕方ないのかな」と思ってしまうのだ。

僕らは、授業で「これが正解だ」と教えられ、それを必死になって記憶してきた。そして、テストという場でいかにその記憶を正確に取りだすことができるかを問われてきた。記憶が正しければ正しいほど、いい点数が取れた。それを勉強だと思いこんできた。

ところが、社会に出てみて、愕然《がくぜん》とする。「正解」や「模範解答」が存在する問題などほとんどない。どれもが「自分なりの答え」が求められることばかり。だからこそ、僕らは社会に出て、「あなたなら、どうしますか？」と問われたときに、「いったい、どうしたらいいのだろう……」と、戸惑い、凍りついてしまうのだ。無理もない。そんな練習は、家庭でも、学校でも、ほとんど積んでこなかったのだから。

もちろん、知識をおろそかにすることはできない。知識が豊富であればあるほど、思考の幅は広がり、すぐれたアイディアも生まれやすくなるだろう。だが、いくら重要だとはいえ、知識とは、あくまで思考のための、生きていくための手段に過ぎない。にもかかわらず、日本では、「学び＝知識を詰めこむこと」と誤解されてきた。

「君なら、どうする？」

そんな問いを意識的にぶつけていくことで、模範解答に頼らない「自分なりの答え」を生みだせる子どもに育てていくことができるのかもしれない。

個人面談で得たヒント

子どもたちは、「自分の頭で考え」、「自分の判断で動き」、「自分なりの答えを出す」ことが苦手だった。それは、あるいは小さな頃からの親の言葉がけによるものかもしれない。それは、あるいは知識偏重の教育システムによるものかもしれない。しかし、僕はもっと根本的なところにも原因があるような気がしていた。

子どもたちを見ていると、どうも自分に自信がなく、おどおどしているように思えた。他人にどう思われるかを、必要以上に気にする傾向。だから、一番手として発言することを極力避けようとする。

「なるほど、みんなはこう考えているのか」

まわりの空気を読んでから、手を挙げるためだ。もちろん、自分の頭のなかで考えていることがクラス全体と異なっていれば、口をつぐんでやり過ごす。少数派になることは、彼らにとって「絶対に避けなければならないこと」だった。

だからこそ、「私はこう考えます」と胸を張って発言できる子が少なかった。

「僕はこうします」と自分の決断にもとづいて行動できる子が見当たらなかった。

「もっと、『僕は』『私は』と自分を主張してくれればいいのに――」

教師としてそんなもどかしさを感じるほど、子どもたちは控えめだった。

この子どもたちの自信のなさは、いったいどこから来るのだろう。しばらくは不思議に思っていたが、やがてその答えのありかがわかったような気がした。クラス担任として迎えた教員二年目、夏休みに入ってから行われた個人面談でのことだ。

時間になって、保護者が教室に入ってくる。一礼してから僕の向かいの席にすわると、みなさん、きまって同じセリフを口にするのだ。

「先生、うちの子なんですけどね……」

どの保護者も、判で押したように、わが子に対する愚痴《ぐち》をこぼしはじめることに、僕は驚きを隠せなかった。さすがに親だけあって、その指摘が的外《まとはず》れなものであるケースは、ほとんどない。だが、「そこまで厳しい見方をしなくても……」と思わずフォローに回ってしまうことも、たびたびあった。

「先生、うちの子は集中力がなくって……」

――でも、授業中はきちんと集中できていますから、心配ありませんよ。

「家では、おやつ食べながら宿題したりするんですよ。どう思います？」

——僕もよくお菓子を食べながら原稿を書いたりしていたんで……何とも言えないです。

「学校ではいい顔をしてるのかもしれませんが、家ではホントにだらしなくて困ってるんです」

——うーん、僕も世間的には「乙武さんは立派な方だ」とか言われてますけど、やっぱり家ではだらしないんで、それも何とも……。

もちろん、保護者に悪気などない。どの親も、わが子のことを思うからこそ、その粗《あら》が目立ち、未熟さが気になるのだ。

だが、考えてみれば、僕ら大人と呼ばれる存在だって、けっして完璧ではない。欠点もあれば、未熟さもある。でも、僕らはそんな「完璧ではない自分」と折り合いをつけながら生きているのだ。そんなことは十二分にわかっているはずなのに、どうもわが子に対しては完璧を求めてしまう。それが、親というものなのだということがわかってきた。

ひとりだけ、異色の保護者がいた。席につくなり、満面の笑みでひとこと。

「先生、いいでしょう、うちの子！」

それまでずっと愚痴が続いていただけに、これには面食らった。鳩が豆鉄砲を食ったような表情できょとんとしている僕に、そのお母さまは続けた。

「娘には、なんの不満もありません。あのまま育ってくれたらなあと思っています」

その面談は、十分もかからずに終了してしまった。あらかじめ断っておくが、そのお子さんは群を抜いて勉強ができたわけでも、優等生タイプだったというわけでもない。だが、笑顔を絶やさないほがらかな女の子で、彼女のまわりにはいつも友達がいた。

「ああ、なるほどな……」

なかば呆然《ぼうぜん》とそのお母さまを見送りながら、僕は思わずつぶやいた。僕が両親の子育てを振りかえったときに最も重要だと感じたキーワードは「自己肯定感」だった。だが、教師として子どもたちと向き合っていくうえでも、この「自己肯定感」は欠くことのできない言葉だったのだ。

自分に自信を持ち、自分の頭で考え、自分の判断にもとづいて行動する——そうしたことができる人になるには、やはり他者から認められ、受けとめられることが必要なのだ。もちろん、それが親であるに越したことはない。だが、教師という立場からも、子どもたちに自己肯定感を育んでいくことはできるはずだ。

夏休みが明けてからの僕は、とにかく子どもたちに自己肯定感を育んでいくことを心に誓った。

黒いチューリップ

H君には、ずいぶん手を焼いた。

【事件簿①】下校時刻をとっくに過ぎているのに、お母さまから「うちの子がまだ帰ってこないのですが……」と電話があり、不思議に思って校内を捜索してみると、障害者用の個室トイレに小一時間もこもり、買ってもらったばかりの携帯電話にインストールされているゲームに没頭していた。

【事件簿②】お父さまから「学校の廊下で転んで頭を打ち、いままで保健室に寝かされていたとのことですが、どういう状況だったのでしょうか？」と電話があり、状況を把握できていなかった僕は、大慌て。よくよく聞いてみると、「今日は習いごとがある日だから、早く帰ってきなさい」と言われていたのに、帰りの支度などでもたついたことで帰宅時間が大幅に遅れたため、苦しまぎれにウソをついた。

【事件簿③】ようやく一学期の終業式が終わり、職員室でホッとひと息ついていた僕のもとに、図工の先生が血相を変えて駆け寄ってきた。

「先生のクラスの男子ふたりが、学校の西側の花壇に植えたばかりの球根の芽を、かたっぱしから引き抜いてしまったんです」

クラス一やんちゃなH君とK君の仕業《しわざ》だった。

こうして挙げていったら、それだけで一冊書けてしまうのではないかというほど、彼は毎日のように楽しい騒ぎを起こしてくれた。クラスメイトから、「先生、H君が……」と苦情が出ることも日常茶飯事。そのたびに彼は反省するのだが、その翌日にはまたべつのトラブルを巻き起こしてしまう――それでも、どこか憎めない、不思議な少年だった。

おそらくは、これまで怒られることが多かっただろうH君。彼のような子どもにこそ、自己肯定感を育んでもらいたいと考えた僕は、二学期になると、彼の〝いいところ探し〟を徹底的に始めた。

それまでは彼が巻き起こすさまざまな事件に覆《おお》い隠されていただけなのかもしれない。これまでとは異なる視点で見ていくと、彼の強さ、やさしさ、やわらかさが、次第に見えてくるようになった。

そうして見つけた彼の良さを、本人に、ご両親に、つぶさに伝えるようにした。すると、彼が起こすトラブルの数は少しずつ減っていき、クラスメイトが苦情を申し立てる回数もずいぶん減っていった。

国語の時間で、詩を書くことになった。H君は、文章を書くことが苦手。感性はすばらしいのだが、物事を論理的に考えることに難があるため、長い文章を書いているうちに、彼自身が「何を伝えたいのか」、わからなくなってしまうのだ。

そんな彼にとって、詩という形式はとても相性が良かったようだ。

チューリップ

あー、お日様が気持ちいい。
あー、そよ風が気持ちいい。

教会の真上に咲きたいなぁ。
どんな景色だろうなぁ。
一度、黒い花に咲いてみたいなぁ。
みんなにどう思われるんだろうなぁ。

あー、いい事いっぱいだなぁ。
あー、この世の全てが楽しいなぁ。

（杉並子ども詩文集「杉っ子」二〇〇九年版二三号所収）

「あいつらしいな」

僕は、思わずにやりと笑ってしまった。自分をチューリップにたとえた視点の斬新さ。教会の上から景色をながめてみたいという好奇心。黒く咲いたら、みんなはどう思うだろうと考えるいたずら心。まわりにどう思われようとも、彼自身が日々を楽しく過ごしていることが伝わってくる最後の締《し》め。すべてが、彼らしさに満ちていた。

杉並区では、子どもたちのすぐれた作品を掲載する『杉っ子』という詩文集を出している。僕も担任として、クラスから作品を選出する必要があった。ほかにもすぐれた作品はたくさんあったが、僕はH君の「チューリップ」を推した。

「うちの子の作品が選ばれるなんて……」

お母さまに連絡すると、とても驚かれた。無理もない。これまで怒られてばっかりいた一人息子の作品が、クラスの代表として『杉っ子』に掲載されるというのだ。だが、本人はいたって上機嫌。ふだんは面倒くさいことが大嫌いな彼が、「提出用に清書してもらわないといけないんだ」と伝えると、うれしそうに放課後の教室に居残り、原稿用紙に鉛筆を走らせてくれたのだ。

それからの彼は、ずいぶん変わった。たしかにスイッチがOFFになっているときには、不真面目な態度を見せたり、不適切な行動をしてしまうこともあった。だが、一度スイッチがONになると、だれもが敵わないような集中力を発揮してみせるのだ。

掃除の時間、ほうきを持たせると、ゴミをまき散らすようにしか掃くことができなかった。僕はH君をほうきの担当からはずし、雑巾がけを指示した。それがよっぽど悔しかったらしく、数日後、僕のところに「ほうきをしっかり使えるようになったから見てほしい」と言いにきた。お母さまと、家で練習してきたのだという。

逆上《さかあ》がりができなかった。そのこと自体は仕方がない。だが、彼はできるようになろうとする意志を見せなかった。照れかくしでもあるのか、授業中、ふざけてばかりいた。

「だったら、やらなくていい」

僕はH君を鉄棒から遠ざけた。その翌日から、休み時間も、放課後も、自主的に猛特訓するようになった。ついには、翌週にできるようになった。つぎの体育の時間、みんなのまえで逆上がりをしてもらった。これでもかというほど、ほめちぎった。ほほを紅潮させた彼は、クラスメイトから湧きあがった拍手を気持ちよさそうに浴びていた。

僕の退職後も、彼は引き続きがんばっているようだ。六年生のときには、運動会で応援団長として大声を張りあげた。中学生となったいまは水泳部に入り、オリンピック選手を目指しているという。いまでも中学校ではトラブルを起こし、反省文を書かされることもあるというH君だが、きっと魅力的な青年に成長していくだろうと僕は信じている。

涙のリレー

Sさんは、勉強もよくできるし、スポーツも得意。友達も多く、男子からの人気も高い女の子だった。ただひとつだけ、彼女には苦手なことがあった。それは、人前で発表すること。授業中、みずから手を挙げることはほとんどなく、どうしても発表しなければならないような場面でも、教室が静まりかえらなければ聞こえないほどのか細い声。ときには泣きだしてしまうこともあった。

彼女にも、どうにか自信をつけてあげたいと思っていた。ことあるごとに彼女をほめ、励ましの言葉をかけ続けた。少しずつ効果は表れていたが、それでも劇的な変化には至らなかった。そして、一年が経った。

四年生になって迎えた春の運動会。クラスからは四人のリレーの選手を送りだすことになっていた。体育の時間に、本番と同じ八十メートル走のタイムを計った。上位三名は、昨年と同じ顔ぶれ。ところが、四人目が大混戦だった。タイム順にならべたとき、四位から六位までの三人が、ほぼ同タイムだったのだ。Sさんは、その六番目だった。

厳密にタイム順で選ぶなら、ほかのふたりにコンマ何秒の差で勝っている四位の男子をクラスの代表として送りだすべきなのかもしれない。だが、彼はクラスきっての優等生。ここでリレーの選手を逃しても、ほかに輝ける場面はいくらでもあった。

僕は、Sさんを選出することにした。タイムで言えば、四位から六位までは、横一線。さらにはSさんを選ぶことで、クラスから送りだす四人の代表が「男女二名ずつ」とバランスがよくなる。何より、〝荒療治〟によって、彼女に人前で力を発揮する経験を積ませたいという思いが強かった。

当然のことながら、彼女は強い拒否反応を示した。

「あんなにたくさんの人が見ているまえで、リレーの選手として走ることなんてできません……」

たった二十三人のクラスで意見を言うのにも泣きだしてしまうような子なのだ。彼女にしてみたら、それは地獄に突き落とされたような心境だったかもしれない。

だが、僕もひそかに胸を痛めていた。厳密に言えば六番目だったのに、「クラスで四位のタイムだったのだから仕方ない」とウソをつく後ろめたさ。何より、イヤがる彼女に無理強いする心苦しさ。だが、そんなときには小学校時代の恩師である高木先生の教育方針を思いだし、心を鬼にした。

「いまだけかわいがってあげることは、いくらでもできる。でも、それが本当にその子の将来のためになるのだろうか」

リレーの選手たちによる練習が始まった。朝七時台には登校して、体操服に着替える。眠たい目をこすりながら、一年生から六年生までが校庭に集まった。渋々ながら参加するSさんの姿も、そこにあった。

毎朝、練習の最後には、かならず本番形式でのリレー走が行われる。クラスでも四番目（いや、正確には六番目）の彼女は、リレーの選手のなかでも遅い部類に入る。ある日の練習でのこと、バトンを受けて必死に走っていたSさんは、同じ順番で走るとなりのクラスのYさんに追い抜かれてしまった。つぎの走者にバトンを渡し終えたSさんは、その場で立ち尽くしたまま、うつむくようにして地面を見つめていた。

翌朝、校庭の片隅には、練習の様子を見守るSさんのお母さまの姿があった。前日のショックからか、「やっぱり、私にはリレーの選手なんて無理だ。もうやめたい」と漏らした娘のことが心配でたまらなくなったのだという。

家で泣きじゃくるSさんの姿を思いうかべ、胸が締めつけられた。じつは最後まで言うつもりはなかったのだが、お母さまにすべてをお話しすることにした。本当はクラスで四番目のタイムではなかったこと。だが、どうしても人前で力を発揮する経験を積ませたかったこと——。

僕の意図を理解してくださったお母さまは、ゆっくりとうなずいた。

「先生、わかりました。あの子のがんばりを、私なりに支えてみます……」

朝の練習は続いた。腕の振りかた、足の運び、バトンの受け渡しやコーナリングなどの指導を受けると、根がまじめな彼女だけに、みるみるフォームがよくなっていった。あわせて、タイムも上がってくる。運動会本番を数日後に控えた、ある日の練習でのこと。バトンを受けとったSさんは小さな体をフル回転させてスピードを上げると、前を走っていたYさんに追いつき、そして追い越してしまった。

「あっ」

校庭の隅でその様子を見つめていた僕は、思わず声をあげた。あれ以来、毎朝のように練習を見守ってきたお母さまと目が合う。僕らは、笑顔でうなずきあった。充実感を顔いっぱいに浮かべてつぎの走者にバトンを渡した娘の姿に、お母さまの目は潤んでいた。

運悪く、運動会当日は、最終種目である紅白リレーの直前に豪雨に見舞われた。そのため、リレーと閉会式だけが後日に行われるという、極限の緊張状態にあったであろうSさんにとっては、酷な状況となった。だが、数週間の練習ですっかり自信をつけた彼女は、そんな悪条件にもめげることなく、本番でも見事な走りでチームに貢献した。

長かった運動会が終わった。僕は、大役を果たして家路につこうと教室を出ていくSさんを呼びとめた。

「お疲れさま。よくがんばったな」

Sさんは、照れ笑いを浮かべている。

「なあ、先生、ひとつだけ聞いてもいいか?」

彼女は、「何だろう……」といったふうに小首をかしげている。

「もし、来年もリレーの選手になるチャンスがやってきたら、どうする？　またやってみたい？　それとも、もうこりごり？」

僕は祈るような気持ちで、彼女の返事を待った。数週間、彼女にしんどい思いをさせてきた僕の試みに、ついに審判が下されるときがきたのだ。

「うーん、やってみたい、かな」

小さな声ではあったけれど、しかし、はっきりとそう言ってくれた。

「そっか。でも、どうして？」

彼女はしばらく考えてから、僕の目をまっすぐに見て、こうつぶやいた。

「もう、逃げたくないから……」

僕は彼女を送りだし、だれもいなくなった教室で、ゆっくりと目をつぶった。

砂まみれの体操服

子どもたちのことを少しでも受けとめようと、僕は教師としてできるかぎり尽力した。だが、教師ができることにはかぎりがある。やはり、子どもたちにとっては、親からほめられたほうがうれしいのだ。教師にほめられるよりも、自信になるのだ。

だから、僕は日々の子どもたちのがんばりを、どうにか保護者のみなさんに伝えていきたいと考えた。本来なら、その役目を果たすのが通知表だ。だが、通知表では記入できるスペースにかぎりがあるし、とにかく即時性がない。子どもたちのがんばりを伝えていくのに、三、四ヵ月に一度では、あまりにスパンが長すぎる。

僕はいろいろと考えた結果、電話という手段を用いることにした。放課後、子どもたちを帰した教室で一日を振りかえり、それぞれの子ががんばったこと、ほめてあげたいことを整理したうえで、各家庭に電話をかけるのだ。

先方にしてみれば、いい迷惑だったにちがいない。担任から電話がかかってくるなど、「うちの子が学校で何かをやらかしたとき」と相場が決まっている。だが、僕はあえて、「ほめてあげたいとき」に電話をかけるようにしたのだ。

はじめのうちは、その目的を理解していただけないことが多かった。

「で、うちの子……今日は何をやらかしたんですか?」

あくまで、トラブルを伝えるための〝前フリ〟としか受けとってもらえなかったのだ。それでも、僕は電話をかけ続けた。一学期も終わる頃になると、ご家庭のほうでも、「この先生は、本当にほめるためだけに電話をかけてきているのだ」と理解してくださるようになった。

いちばん電話をかけたのは、Tさんのご家庭だった。Tさんは、クラスでいちばん体が大きく、腕相撲をしても並みいる男子を次々となぎ倒し、チャンピオンになってしまうという女の子。目立つことは好まないが、けっして内気な性格というわけでもなく、僕にも何かと話しかけてきてくれるので、彼女とはすぐに打ち解けることができた。勉強はあまり得意なほうではなく、運動でも大きな体を思うように動かすことができないため、みんなに後れをとってしまうことが多かった。

だが、彼女はクラス一のがんばりやさんだった。どんなに苦手なことでも、けっしてあきらめることなく、ねばり強く取り組むことができる女の子。取り組んだ「結果」だけに目を向ければ、たしかにTさんは苦しい思いをする場面が多かった。だが、ひとつの課題に取り組む「姿勢」を評価するなら、彼女はクラスで最も評価されるべき存在だったのだ。

前述のH君も悪戦苦闘していた逆上がり。Tさんもまた、苦戦していた。せめてお尻が持ちあがり、足が空を向くようになれば可能性もあるのだが、彼女は自分の体をそこまで回転させることができなかった。補助板を用意してみた。だが、彼女が力強く蹴とばした拍子に、そのプラスチック製の板はいともたやすく倒れてしまう。手のあいている男子が三人がかりで補助板を押さえてみたものの、あまり効果は上がらなかった。

僕も、ずいぶんあきらめの悪いタイプの人間だ。だが、さすがに彼女が置かれている状況だったら、あきらめていたように思う。さらには、クラスメイトの視線も気にしてしまっていたかもしれない。だが、Tさんは、そんなことおかまいなしに鉄棒に向かい続けた。ときには、鉄棒を握る手に力が入らなくなり、どすんと背中から校庭に落ちてしまうこともあった。

「痛っ……」

苦痛に顔をゆがめ、体操服を砂まみれにしながら立ちあがるTさん。

「少し休もうか」

そう声をかけて木陰で休ませても、気づくと彼女はふたたび鉄棒と向き合い、格闘しているのだ。その姿に、僕も、クラスのみんなも、ただただ圧倒されていた。

数週間後、国語の時間に作文を書くことになった。クラスでいちばん鉄棒がうまいNさんは、鉄棒をテーマに書きはじめた。だが、その内容は意外なものだった。

「Tさんは、けっして得意ではない鉄棒をがんばっていました。何回失敗しても、あきらめずに何度もチャレンジしていました。私は反省しました。一度できたくらいで満足してしまっていたからです。Tさんのがんばる姿を見て、私はこんど鉄棒で新しい技を編みだすことにチャレンジしてみようと思いました」

Tさんの苦手なことでも前向きに取り組む姿勢は、クラスメイトからも認められていただけでなく、ほかの子どもたちの手本となっていたのだ。

こうした彼女のがんばりや、すばらしい一面を伝えようと、僕はこまめにTさんのご家庭へ電話をかけた。お母さまは、はじめはピンと来ない様子だった。

「はあ、うちの子が……ですか？」

これまでは、あまりほめられた経験がなかったのかもしれない。「ほかのお友達の手本になっています」などと言われたことがなかったのかもしれない。何度電話をかけても、お母さまは恐縮したような、困惑したような、そんな様子だった。

もちろん、両親が子どもに過度のプレッシャーをかけてはいけない。しかし、あまりに期待しないのも、子どもにはいい影響を与えないだろうと僕は思うのだ。もっとTさんに期待してほしいと思った。Tさんの可能性を信じてほしいと思った。いかに彼女がすばらしいお子さんなのか、そしてこれまでのご両親の子育てがいかにすばらしいものだったのかを伝えたいと思った。だから、僕は毎週のように、Tさんのお宅へ電話をかけた。

四年生になり、運動会のシーズンとなった。四年生以上になると、応援団に入ることができる。すると、何人かの子どもとともに、Tさんが「私もやってみたい」と手を挙げた。これには僕も驚いた。出会った頃の彼女は人前に出ることには消極的で、いつも目立たない、脇役的なポジションを好んでいたからだ。だからこそ、まさか彼女が全校児童や保護者がいっせいに集まる運動会で、注目を一身に浴びる応援団にわざわざ立候補するとは思ってもみなかったのだ。

だが、彼女はいつものがんばりで、厳しい数週間の練習も乗りきった。いよいよ本番。Tさんのがんばりが、クラスだけでなく、全校のまえで発揮される日がやってきた。

「あ、お母さん。こんにちは！」

本部テントの裏を歩いていると、Tさんのお母さまとすれちがった。首には、真新しい一眼レフカメラをぶらさげている。

「あれ、そのカメラどうしたんですか？」

お母さまは、照れくさそうな笑みを浮かべながら、そっとカメラをなでた。

「あの子が応援団に立候補したというんで……がんばって撮ってあげようかなと思って」

「ええ……。ぜひ、そうしてあげてください」

僕は何とかそれだけ言うと、人ごみを抜けて校舎の裏手に回った。メガネをずらすと、Tシャツのそで口で、何度も、何度もほほを拭った。

1／2成人式

四年生を担任していたときのこと。三学期に、「1／2成人式」という授業を行った。本来なら、二十歳で成人式。だから、その半分の十歳で「1／2成人式」というわけだ。これは、生まれてからの十年間でできるようになったこと、得意なことを、ご招待した保護者のまえで披露し、さらにはここまで育ててもらった感謝の思いを一人ひとりスピーチするというもの。だが、〝式典〟は、これだけで終わりではない。じつは、それぞれの親御さんから子どもたち宛てに書いた手紙をお預かりしており、最後にそれを子どもたちに読んでもらったのだ。もちろん、サプライズだ。

思いがけず、両親からの手紙を読むことになった子どもたち。はじめは照れくさそうな表情を浮かべていたものの、便箋に綴られた文字を目で追ううち、その表情はだんだんと真顔になっていった。便箋を持つ手を震わせる子、下くちびるをかみしめる子、目を潤ませる子、なかには声をあげて泣きはじめる子までいた。

彼らに、感想を書いてもらった。

「お父さん、お母さんに、こんなに大切にされているとは思いませんでした」

「お母さんがふだんから口うるさいことを言うのも、僕のことをもっと良くしようと思っているからだとわかりました」

これらの言葉に、僕はハッとした。僕ら大人は、日頃からしっかりと子どもたちに愛を伝えられているのだろうか――。

日本には、「言わなくてもわかる」という文化があるように思う。

「ねえ、『好き』って言ってよ……」

「バカ、そんなもん、言わなくたってわかるだろ！」

少し時代遅れかもしれないが、これまでの日本にはこうした風潮が、たしかにあった。言葉にせずとも、相手の意を酌《く》むことこそが美徳。もちろん、それを軽視するつもりはない。しかし、僕らはその感覚を、いつしか子どもたちにまで押しつけてしまってはいなかっただろうか。

「親が子どもを愛するのは、あたりまえ」

おそらくは、ほとんどの親がこうした思いでいる。だが、子どもの側でも、同じ思いを抱いてくれているかはわからない。何しろ、彼らには親になった経験などないのだ。親の言う「あたりまえ」が、彼らにも通用すると思ったら、大きなまちがいなのではないだろうか。

僕らは、つい子どもたちに小言を言い、説教をしてしまう。もちろん、それは彼らの感想にもあったように、「よりよく成長してほしい」という願いからだ。だが、それは愛がしっかり伝わっていてこそ、はじめて効果が発揮されると思うのだ。

「僕は愛されているのかな」

「私は大切にされているのかな」

そんなふうに子どもが不安がっているところに、小言や説教ばかりを浴びせたら、子どもたちはますます親の愛を信じられなくなってしまうだろう。

そのあと開かれた保護者会で、僕はこんな話をさせていただいた。

「僕らが思っている以上に、子どもたちは自分が愛されているのか、不安に思っているのかもしれません。みなさんが書いてくださった手紙に対する子どもたちの感想を読んで、僕はそんなことを感じました」

お母さまたちの表情が、ピリッと引きしまった。

「照れくさいのもわかります。恥ずかしいのも理解できます。でも、もっと子どもたちに伝えていきませんか。『大好きだよ』『大切に思ってるよ』と。言葉で、態度で。いままでより、もっとおおげさに、わかりやすい形で。子どもたちは、きっとそれを待っているんじゃないかと思うんです」

保護者のみなさんに語りかけながら、僕はあらためて両親に対する感謝の思いをかみしめていた。

ストライクゾーンを広げよう

教師になる以前は、七年間、スポーツライターとして活動していた。当時、福岡ダイエーホークスのキャッチャーとして活躍していた城島健司《じょうじまけんじ》選手（二〇一二年に現役を引退）にこんなお話を聞かせていただいたことがある。

「オトくん、ダメなキャッチャーというのはね、打たれたくないという気持ちから、ピッチャーに細かいコントロールばかり要求してしまうんだ。でも、そうするとピッチャーは腕が縮こまって、いいボールが投げられなくなる。反対にいいキャッチャーというのは、『打たれたらオレが責任取るから、とにかく思いきって投げてこい』と言ってやれるの。そうすると、ピッチャーは腕が振れるようになって、かえっていいボールが投げられるようになる」

当時も、「なるほど」と興味深く聞いていたが、教員として子どもたちと向き合っていくうち、あのとき城島選手が話していた言葉は、野球だけでなく、教育や子育てにも同じことが言えるのではないだろうかと考えるようになったのだ。

大人たちは子どもに問題を起こしてほしくないという気持ちから、「あれをしてはダメ」「これをしなくてはダメ」と、つい細かい要求ばかりしてしまう。その結果、子どもたちは親や教師の顔色をうかがいながら、窮屈に育っていくことしかできなくなってしまう。もし、それが逆だったら、どうだろう。

「どんなボールでも、お父さん、お母さんが――先生が受けとめてあげるよ」

そんな言葉をかけ、子どもたちに対するストライクゾーンを広くかまえてあげることができれば、もっと子どもたちはのびのびと、自分に自信を持って生きていくことができるのではないかと思うのだ。

だが、「子どもたちに対するストライクゾーンを広げよう」と言っても、そのストライクゾーン自体、大人が勝手につくりだしたものであり、けっして子どもたちのためにつくられたものでないということは、しっかりと自覚しておかなければならない。

たとえば――。

「もう、何やってるの。早くしなさい！」

育児のなかで、こんな言葉をついつい口にしてしまうことはないだろうか。大人の思うようなペースで動けない子どもたちに、僕らは思わずいらだってしまうことがある。だが、それはよく考えてみれば、大人のモノサシを彼らに押しつけているだけにほかならない。彼らは、彼らのペースで動いているのだ。

教育現場でも、同じことをしてしまっている。学校では、「これだけの時間数で、これだけのことを教えなければならない」と決まっているうえに、それがわりとタイトなスケジュールだったりする。だから、一度説明しただけでは理解できない子がいたり、みんなができているのにひとりだけできていない子がいたりすると、思わず眉をひそめたり、声を荒らげてしまう場面が出てくるのだ。

さらに僕が驚かされたのは、その大人の都合でつくられたストライクゾーンのなかに、なかば力ずくで子どもたちをはめこもうとする教師が少なくなかったこと。頭では「一人ひとりの個性を認める」ことの重要性がわかっていながら、なかなか実践と結びつけることができていないのだ。

だが、無理もないのかもしれない。教師になるのは、優秀な人ばかり。先生の言うことはよく聞き、提出物の期限はしっかり守り、掃除をサボったりすることもない、まじめなタイプ。きっと、周囲にもそうした友達が多かったのではないだろうか。そうして育ち、社会に出た大人が、教師という立場でストライクゾーンからはずれた子どもたちを見て、どのように感じるだろうか。

「このままでは、たいへんなことになる。自分が何とかしてあげなければ――」

幸い、僕のまわりには「ストライクゾーンからはみでた」タイプが多くいた。そもそも、僕自身、「健常者」というストライクゾーンから大きくはずれた形で生まれてきた。そうして生きてきた僕だからこそ、そんな子どもたちを見ても、「きっと何とかなるさ」と感覚的に思えてしまうのだ。

だからこそ、「ここは僕の出番だ」と思った。無理やり引きずられ、ストライクゾーンに放りこまれようとする子どもたち。それでも、そのゾーンになじめず、苦悩する子どもたち。そんな彼らにこそ、「だいじょうぶだよ」と声をかけ、彼らの存在を受けとめ、そこに自己肯定感を育んでいくのは、僕の役目だと考えていた。

退職後、三年間の教員経験をもとに書いたはじめての小説に『だいじょうぶ3組』という題名をつけたのも、そんな理由からだ。

発達障害の子どもたち

この『だいじょうぶ3組』では、赤尾《あかお》慎之介《しんのすけ》という両手両足のない、電動車いすに乗った新任教師——つまりは僕の分身が、五年三組を担任する。そこで起こるさまざまなトラブルに対して、ときに悩みながら、ときに失敗しながらも、何とか解決していこうと奮闘する物語だ。

これが七万部を超すヒット作となり、TOKIO・国分太一《こくぶんたいち》さん主演で映画化されるまでになった（ちなみに、僕も赤尾役で出演している）のだが、その二年後、僕は続編を発表した。それが、『ありがとう3組』。五年生だった子どもたちが六年生に進級し、卒業するまでの一年間を描いた作品だ。

この続編では、どうしても描きたいテーマがあった。それは、「発達障害」についてだ。発達障害とは、おもに先天的な要因によって脳機能に障害が起こり、発達に大きな特性が生じている状態を指す。発達障害を抱える人には、「空気が読めない」「我慢ができない」「時間が守れない」といった特性があるケースも多く、円滑な対人関係を持つのがむずかしいと言われているのが大きな特徴だ。

僕が勤務していた学校にも、さまざまな子どもがいた。集中力が続かない。忘れものが多い。じっとしていられない。すぐに暴言を吐いてしまう。暴力を振るってしまう――。だが、彼らのこうした行動は、たんなるワガママととらえられることが多かった。

たとえば、僕のような障害は、はっきりと目に見える。だから、できないことがあっても、すぐに理解してもらえる。たとえ僕が逆上がりができなくても、だれも「なまけてるだけだ」とは思わないだろう。だが、発達障害は目に見える障害ではない。だからこそ、「あいつはサボっている」「どうしていつもワガママばかり言うんだ」と思われてしまう。彼らはクラスメイトからだけでなく、ときに教師からもそうした視線を向けられていた。本人だって、苦しいはずなのに。みんなと同じように行動したいはずなのに。

昨今、軽度も含めると、こうした発達障害児は通常クラスの六・五パーセント――つまり、クラスに二、三人は在籍していると言われている。にもかかわらず、こうした子どもたちへの指導や対応は、けっして進んでいるとは言いがたい。現在の教育現場が抱える、大きな課題のひとつだと言える。

社会における認知度や理解も、まだまだだ。二〇一二年五月に、大阪維新の会が大阪市議会に提出しようと準備を進めていた家庭教育支援条例(案)の第四章にも、こんな文言が盛りこまれていた。

「乳幼児期の愛着形成の不足が軽度発達障害またはそれに似た症状を誘発する大きな要因であると指摘され、また、それが虐待、非行、不登校、引きこもり等に深く関与していることに鑑み、その予防・防止をはかる」

「わが国の伝統的子育てによって発達障害は予防、防止できるものであり、こうした子育ての知恵を学習する機会を親およびこれから親になる人に提供する」

これでは、「発達障害とは、愛情不足のため、もしくは親の育て方が悪かったために生じる」と断言しているようなものだ。そう言いきってしまうことで、「親がしっかり育てなかったから、子どもがこうなったのだ」と親を責めたてることになる。これは、大きな偏見を生みだしかねない文章であると感じる。

このように、発達障害に対する正しい理解や認識は、まだまだ高くない。それだけに、当事者やご家族は、この社会にかなりの息苦しさ、生きづらさを抱えているはずだ。それは、三年間の教員生活のなかでも、強く感じていたことだった。

この『ありがとう3組』には、前川泰示《まえかわたいじ》という発達障害のある転入生が登場する。強烈な個性の出現に、クラスメイトや教師たちは面食らい、ドン引きし、拒否反応を示す。ある意味において、それは自然なことだろうとも思う。しかし、彼をそのまま孤立させるわけにもいかない。とはいえ、彼の欲求にすべて応えれば、秩序が乱れていく——。

これは主人公である赤尾だけの悩みではなく、現場に立つすべての教師の悩みと言っても過言ではない。まさに、今日の教育現場における大きな課題なのだ。だが、課題であると認識されはじめてからまだ日が浅く、研究もそこまで進んでいるとは言いがたい。だからこそ、「正解」などどこにもなく、教師一人ひとりが悩みながら、暗中模索していくほかないのだ。

赤尾も、彼なりのやり方で泰示と向き合い、周囲との溝を埋めていこうと努力を重ねていった。これは赤尾の手法であり、教師としての僕の手法でもあった。だが、職員室のなかでは、僕と（赤尾と）正反対の対応をする先生もいた。いまでも、どれが正解なのかはわからない。

だが、ひとつだけ言えることがある。発達障害のある子どもたちは、けっして「悪い子」などではない。ただ大人たちにとって、「都合の悪い子」であるだけなのだ。彼らは、けっして「困った子」などではない。彼ら自身が、「困っている」のだ。

目的地まで脇目もふらず、窓の外をながめることもなく、ただ一心不乱に走り続ける。この国がそうした効率優先の社会を目指していくなら、親や教師の言うことをすぐに理解でき、それをしっかりと順守できる子ども――いわゆる優等生ばかりが評価されることになる。「空気の読めない」「我慢のできない」発達障害の子どもたちは、邪魔者扱いされることになるだろう。おそらく彼らは、大人が勝手につくりだしたストライクゾーンから、最も遠くに位置する存在なのだ。

だが、『五体不満足』から繰り返し述べているように、障害者は「劣っている」わけではない。「ちがっている」だけなのだ。それは、発達障害についても同じことが言える。日本が真に成熟した社会となっていくには、この「ちがい」に対して、いかに寛容になれるかが重要だと思うのだ。

発達障害のある子どもたちは、このストライクゾーンに入れないために、自己肯定感を育めずにいる。社会のなかで、疎外感を覚えている。この状況を何とか改善したい――そんな思いから、『ありがとう3組』を書きあげた。この物語が、当事者やご家族の苦悩を知るきっかけとなり、みなさんが発達障害に対する考えを深める端緒となることを心から願っている。

赤、白、紺、青……

「子どもたちの個性を尊重する」

これは教育現場でもさかんに言われていることだし、教員一人ひとりも頭ではわかっている。だが、それがどれだけ実践できているのだろうか。

教師と子どもは、一対一の関係性にありながら、しかし、一対数十人という関係性でもある。つまり、クラスを運営し、授業を成り立たせていく以上、教師はある程度、効率や合理性といったことも考えていかなければならない。だから、子どもたちがあまりにふぞろいだったり、ひとりでも極端に枠からはみだした子がいたりすると、正直、やりづらさを感じる。もちろん、その〝ふぞろいな子〟にしっかりと向き合い、対応したいという気持ちはあるのだが、あまりにその子だけに時間と労力を費やしてしまうと、ほかの数十人に対するケアがおろそかになってしまわないかと気がかりで仕方ないのだ。

だが、そうした理由以上に、教師が子どもたち一人ひとりの個性を大切にできていない原因を感じることがあった。それは、教師自身に個性が認められておらず、画一的であることが求められているという点だ。

僕は、ほかの先生とはずいぶん異なる授業をすることがあった。たとえば、新年度がスタートして、すぐのこと。教室の窓から外をながめると、校庭の桜の木が見事に花を咲かせている。

「よし、今日はみんなでお花見でもしようか」

目を丸くする子どもたちをせき立て、校庭へと連れだす。体育倉庫から引っぱりだしてきたブルーシートを桜の木の下に広げ、さらには倉庫からホワイトボードを持ってきて、黒板代わりに。これで、〝青空教室〟の完成だ。

「では、これから学級会を始めます！」

こうして司会役の子どもたちの進行により、桜の木の下での学級会が始まった。

子どもたちには大好評だったこの試みも、しかし、職員室では不興《ふきょう》を買った。

「ああいう勝手なことをされると困るんです」

ベテランの女性教師にちくりと言われる。

——あの……何がいけなかったんでしょうか？

「いいですか。乙武先生の受け持つ二組だけ、ああいったことをする。子どもは家に帰ったら、『今日はこんなことがあった』と話しますよね。それを聞きつけた一組の保護者は、どう思うでしょう」

——さあ……。

「どうして二組ではやって、一組ではやらないのでしょう。そんな電話をかけてくるかもしれません」

——はあ……。

つまり、僕が思っている以上に、学校とは「横ならび」を意識しなければならない組織だった。右を見て、左を見て、ほかのクラスと足なみをそろえて、ようやく前に進める。いや、それをしなければ、前に進めないような職場だったのだ。

もちろん、そうした風土のほうが仕事をしやすいという人もいるだろう。だが、大学を卒業してからは七年間、フリーランスという立場で、すべての判断を自分の責任においてみずから下すという仕事の進め方をしてきた僕にとっては、それが窮屈で仕方なかった。正直にいえば、そこに独創性は求められていなかったのだ。

「だったら、教師なんてだれがやっても同じではないか」

そんなことを感じないこともなかった。だが、そうした環境のなかでも、教師として、担任として、「僕だからこそできること」を模索しつづけた。

じつは、先ほども紹介した小説『だいじょうぶ3組』『ありがとう3組』には、ちょっとした隠し味を忍ばせてある。車いすに乗った主人公には赤尾、それを手助けする補助教員は白石、よき兄貴分として相談に乗ってくれる先輩教師には紺野、厳しい指導で恐れられる学年主任には青柳、さらには校長に黒木、副校長に灰谷——教員の名前には、すべて色の名前がついているのだ。

「子どもたち一人ひとりの個性を認めるためにも、まずは教師自身が色とりどりの存在であるべきだ」

この名前遊びには、僕のそんな願いがこめられている。

たとえば、異業種の仕事を経験したことがある教師。たとえば、異国の地での生活を経験したことがある教師。たとえば、車いすに乗った教師——。小説のなかだけでなく、現実の職員室にも、さまざまな価値観を持ち、色とりどりの個性を持った教員がいれば、ただ優等生だけが評価されるのではなく、子どもたちが持つそれぞれの個性が認められ、もっと評価されるようになるのではないだろうか。

みんなちがって、みんないい

僕は、教室の壁に大きな模造紙を貼っていた。子どもたちから見て、黒板の右ななめ上にあたる位置だ。そこには、僕がほっぺたと短い腕にはさんだ筆で、大きく書いた数字が描かれていた。

「1／6800000000」

つまり、六十八億分の一だ。いったい、これが何を意味する数字かおわかりだろうか。六十八億とは、当時の世界の人口を表している。

僕は、日頃からこんなことを子どもたちに伝えていた。

「この地球上には、六十八億人もの人が住んでいる。これって、すごい数字だよね。みんなは、その六十八億人いるうちのたったひとりでしかないんだ」

そう言うと、子どもたちは「なあんだ」という顔をする。「でもね」と、僕は続ける。

「その〝たったひとり〟の代わりを務めることができる人は、この世の中にだれもいないんだよ。『この人が死んでしまったから、代わりにこの人を連れてきました』というわけにはいかないんだ。人間は、機械の部品とはちがうからね」

子どもたちの目が輝きはじめる。

「いいかい。君には、君にしかできないことがある。君の代わりは、だれにも務めることができない。一人ひとりが、かけがえのない存在なんだ」

いま日本では、うつ病を患う人が相当数いる。もちろん、その原因としてはさまざまな要素があるのだろう。だが、そうしたなかで、「自分の存在意義が感じられない」「自分がいなくなったところで社会には何の影響もない」と、みずから死を選んでしまう若者がけっして少なくない現状がある。いたたまれない気持ちになる。だからこそ、僕は伝えていきたいのだ。

「君の代わりは、だれにも務めることができない」

「一人ひとりが、かけがえのない存在なんだ」

僕は、ジグソーパズルのようなクラスを目指していた。ジグソーパズルは、ひとつひとつのピースだけを見ると、あっちがでっぱっていたり、こっちがへっこんでいたり、ずいぶんといびつな形をしている。そして、そのピースがただひとつ存在しているだけでは、何の意味も成さない。

だが、それぞれのピースを組み立て、つなぎあわせていくと、最後には美しい絵や写真ができあがる。もっと言えば、たったひとつのピースが欠けただけで、全体は未完成となる。つまり、どんなにいびつでも、ひとつひとつが欠かすことのできないピースなのだ。それが、僕のクラスづくりのモデルだった。

僕らも、一人ひとりがいびつな形をしている。でっぱりがあったり、へっこみがあったり。でも、それが自然。完璧な形をしている人間など、いるはずがない。

「僕はこれが得意だから、これをがんばるよ。でも、こっちは苦手なんだよなあ……」

「それなら私の得意分野だから、手伝ってあげる。でも、私はこれができなくて……」

「お、それならオレが――」

そんなふうに、一人ひとりが得意なことを生かしあい、苦手なことを補いあえば、とても豊かな人間関係が築けるのではないか、すばらしいクラスになるのではないかと考えていた。

どうしたら、そんなことを子どもたちに伝えていけるだろうか。僕は授業のなかで、ひとつの詩を取りあげた。

わたしと小鳥とすずと

金子みすゞ

わたしが両手をひろげても、
お空はちっともとべないが、
とべる小鳥はわたしのように、

地面《じべた》をはやくは走れない。

わたしがからだをゆすっても、
きれいな音はでないけど、
あの鳴るすずはわたしのように
たくさんなうたは知らないよ。

すずと、小鳥と、それからわたし、
みんなちがって、みんないい。

（光村図書『国語　三上　わかば』所収）

個性のすばらしさを伝える作品は、ほかにいくらだってある。けれど、そのほとんどが「だれにだって、いいところがある」と謳っている。そんななか、この詩が秀逸なのは、「だれにだって、いいところがある。でも、それと同じように、だれにだってできないこと、苦手なことがある」という、あたりまえなのに、つい忘れがちなメッセージを伝えてくれているところだ。

それにひきかえ、いまの日本の社会は正反対になってしまっている気がする。

「おまえは、ここがダメじゃないか」

「そういうおまえは、これができないじゃないか」

相手の粗探しばかりして、少しでも弱点を見つけると、鬼の首を取ったようにドヤ顔で指摘する。そういう自分は、弱点を見せたくないから、自分をさらけださないよう、肩をすくめて、窮屈そうに生きている——なんだか、そんな印象を受けるのだ。

こんな社会では、自己肯定感など育めるはずもない。だれにだって弱点はあるはずなのに、それを指摘されないようにビクビクしながら生きている。そんな自分を、だれが好きになれるだろうか。だれが受けとめられるだろうか。

僕には「手足がない」という、どうにも隠しようのない要素がある。じつは、本人にしてみれば、少しもマイナス要素だとは思っていないのだが、しかし、手足がないことで、みなさんと同じようにはできないことが多くあるのも事実だ。

それは隠しようもなく、また改善しようもない。だからこそ、僕は早くから割りきることができたのかもしれない。

「できないものは仕方ない。その代わり、できることで全力を尽くそう」

障害の有無にかかわらず、自分の弱点をそんなふうに思えたら、どんなにラクだろう。自分というピースの「へっこみ」ばかりを気にしているから、つらくなる。もっと自分の「でっぱり」――得意なこと、できることに目を向けていけばいいのだ。

「みんなちがって、みんないい」

このメッセージを伝えていくことで、自分のことを認められる、自分のことを好きになれる人が、少しでも増えてくれればと願っている。そのためにも、僕はほかの人と大きく異なるこのカラダを、フルに生かしていこうと思うのだ。

二十三色の色えんぴつ

教室の壁に「1／68000000000」という模造紙を掲示したり、金子みすゞの詩を取りあげたり。「みんなちがって、みんないい」というメッセージを伝えるため、授業のなかで、学校生活のなかで、僕はさまざまな試みを重ねてきた。だが、子どもたちに植えた種は、すぐに芽を出し、美しい花を咲かせるわけではない。僕が退職をしてからかもしれない。彼らが社会に出たあとかもしれない。もっと言えば、最後まで芽を出さないかもしれない。にもかかわらず、そこに果実を求めてしまうのは、教える側のエゴ。親は、教師は、いつか芽を出してくれるかもしれないと淡い期待を抱きながら、せっせと種を蒔きつづけることしかできないのだと思っている。

だから、僕自身、「みんなちがって、みんないい」というメッセージをしっかりと子どもたちに届けられているのか、不安を感じていた。不安と言ったらおおげさかもしれない。だが、たしかな手ごたえは、何もつかめずにいた。だから、あの日、あの場面を、いまでも忘れられずにいる。

杉並区と結んでいた三年契約の任期が、まもなく終わろうとしていた。子どもたちとも、もうすぐお別れ。四月からは、彼らも五年生になる。そんな矢先、子どもたちから提案があがった。

「先生、みんなの思い出に、クラス文集をつくりたいんです」

もちろん、僕はＯＫを出した。

「じゃあ、どんな内容にするか、どんなタイトルにするか、学級会で話しあってごらん」

数日後、学級会が開かれることとなった。まずは文集の内容について話しあいが行われ、つぎにタイトルを決めることになった。

「希望」「自由」「友達」「未来」——小学生のクラス文集によく登場しそうなタイトルが、つぎつぎと黒板に挙げられていった。だから、Ｒ君がひょいと口にしたタイトルには、だれもが驚いた。

「えっと、『色えんぴつ』がいいと思います」

クラスのみんなが振りかえった。僕も、びっくりして彼の顔をまじまじと見つめてしまった。司会を務める子が、すかさずR君に質問する。

「それは、どうしてですか？」

R君は、いつもの人なつっこい笑みを浮かべて、こう言った。

「色えんぴつって、何十色もあるのに、全部がちがう色でしょ。同じ色なんて、ひとつもない。僕らのクラスも二十三人の人がいるけど、ホントに面白い人ばっかりで、みんながちがってる。だから、色えんぴつみたいだなあと思って」

この説明に、クラスのだれもが唸《うな》らされた。僕にもひざがあったら、思わずぴしゃりと打っていたにちがいない。

すべての意見が出そろったところで、多数決をとった。満場一致で、クラス文集のタイトルは『色えんぴつ』に決まった。

「そっか、伝わってたんだ……」

いまでも僕の部屋に輝く、個性豊かな二十三色の『色えんぴつ』。それは、僕が全身全霊でメッセージを伝え、子どもたちがそれをまっすぐに受けとってくれた証でもある。

第三章　父親として

二匹の怪獣たち

僕の仕事部屋の壁には、クレヨンで描かれたイラストが何枚も貼られている。わが家の愛犬・シャンティや、大きな口を開けた男の子、さらにはピンクのマフラーを巻いた僕の絵まである。すべて、長男の描いた絵だ。

まだ大学生だった『五体不満足』出版当時のイメージが強いせいだろうか。すでに二児の父になったと言うと、たいてい驚かれる。『五体不満足』のオトちゃんも、いつのまにか五歳の長男と二歳の次男を育てるパパになったのだ。

「男の子ふたりなんて、たいへんねえ」

子育て経験のある方からよく言われるが、苦笑いでうなずくしかない。長男も次男も、何だかよくわからない雄叫《おたけ》びをあげながら、けっして広くない家のなかを走りまわっている。小さな怪獣が二匹もいるようなものだ。

そして、この怪獣たち。それぞれ性格がちがっていて、面白い。

長男は、しっかり者。二歳半を過ぎて、ずいぶん言葉を話せるようになった頃、ふだんから忘れものが多い僕の母と、近所の公園まで散歩に行くことになった。玄関まで降りてきた長男は、手をつなぐ祖母の顔を見上げて——。

「ばあば、おさいふはもった？　めがねはもった？」

二歳児が六十過ぎの祖母に行う〝持ちものチェック〟に、ばあばもキョトン。僕らも、笑いをこらえるのに必死だった。

最近では、こんなことがあった。僕は新刊を出すことが決まると、原稿を書くために、家にいる時間が長くなる。仕事部屋にこもってパソコンに向かい、食事の時間になると、リビングまで出ていく。そして食事が終わると、ふたたび仕事部屋へ、といった具合だ。ところが、原稿を書いていれば、調子がいい日もあれば、気分が乗らない日もある。そんなときは食事が終わってもそのまま部屋に戻らず、ついリビングでだらだら過ごしてしまう。すると、長男がやってきて、痛烈なひとことをお見舞いされるのだ。

「おとうさん、はやくおへやにもどらないと、ごほんがかきおわらないよ！」

まるで、家のなかにまで編集者がいるような気分だ。

弟思いの、やさしい兄でもある。僕が出張先でおみやげなどを買ってくると、かならずひとつめの包みを開け、弟に渡してやる。そして、ふたつめを自分が食べるのだ。兄弟のいない、一人っ子だった僕は、「自分が、自分が」と育ってしまったところがある。長男のやさしい心持ちは、父である僕にとって、誇らしく、そしてちょっぴりまぶしくもある。

次男は、とびっきりの自由人だ。長男は小さい頃から、まわりの空気を読んで行動する子だったのに対して、次男は空気などいっさい読もうとしない。よく言われる「次男坊はマイペース」を地で行くタイプだ。

たとえば、十粒入りのラムネ菓子をそれぞれに渡したとする。長男は、「これを明日までもたせるには、いまは二粒食べて……」などと考えながら食べるタイプ。ところが次男はそんなことはおかまいなしに、食べたいだけ食べてしまう。そして食べきってしまうと、長男のところに駆けよって行き——。

「にいに、なーい。なーい」

どちらかといえば、僕も長男と同じように計算しながら行動するタイプ。だから、つねに行きあたりばったりで、感情のおもむくままに行動できる次男を、危なっかしく思いながらも、どこかでうらやましく思っている。

また、大胆な行動に出るのも次男だ。たとえば、役所や銀行の手続きで順番を待たされている時間。長男はとくに騒ぎたてることもなく、本などを読みながら静かに過ごすことができる。ところが、次男はそうもいかない。歌とも、ひとりごとともつかない奇声をあげながら、ひとりで楽しそうに過ごしていたかと思うと、待ちくたびれると一気に豹変。妻のスカートの裾を口にくわえ、ぐいぐい引っぱりはじめる。

「ちょっと、やめてよ」

ぐいぐい。

「やめてってば」

ぐぐっ。

「ほら、もうちょっとだから、いい子にしてて」

ぐぐっ、ぐぐぐっ。

「ああっ！」

妻のお気に入りのスカートに、大きな、大きな穴が開いてしまった。

「もう、このスカートはけないじゃない……」

妻の悲痛な叫び声も、どこ吹く風。「えんねー（ごめんねー）」と笑顔で言い残すと、すたすたどこかへ行ってしまう。そんな、気ままな性格なのだ。

しっかり者の長男と、マイペースな次男。三十代後半に差しかかった僕は、個性豊かなふたりの息子の育児を楽しんでいる。

第一子誕生

いまでこそ、夫婦ふたりで助け合いながら子育てに励んでいるが、じつは、はじめから僕らは同じ方向を向いていたわけではなかった。僕も、彼女も、それなりの葛藤《かっとう》を経て、父に、母になったのだ。そもそも、妻は結婚当初から、「子どもが欲しいとは思わない」と言っていた。

「あれだけ純真な子どもたちに見つめられていると、何だかいたたまれなくなるのよね。あの無邪気な笑顔に対して、どんな顔をしたらいいのか、どんな言葉を返したらいいのかわからなくって」

そんなふうに思えること自体、彼女のほうが僕よりもずっと無垢《むく》なのではないかと思うのだが、とにかく彼女は子どもという存在が苦手だった。

「じゃあ、しばらく子どものことは考えず、ふたりでの生活を大事にしていこう。そして結婚生活が五年を過ぎた頃に、もう一度考えてみよう」

結婚当時、僕は二十四歳。妻にいたっては、二十二歳になったばかり。まだまだ未熟なふたりが、子どもを生み、育てていくことへの不安もあった。

あっという間に五年という月日が流れ、僕ら夫婦もアラサーと呼ばれる世代となった。十代の頃から両親にあこがれ、「自分の家族をつくりたい」と強く望んできた僕の願望は、いよいよ抑えきれないものとなっていた。妻もその思いを汲んでくれたのか、その頃にはついに母となる覚悟を決めてくれた。

結婚七年目。ちょうど僕が教師に転身したその四月に、妻が第一子を身ごもったことがわかった。待ち望んだ命。ところが、僕ら夫婦には手放しによろこぶことのできない事情があった。

「妊娠初期は、とにかく重たい荷物などを持たないように気をつけてください」

医師から告げられた言葉に、僕らは表情をこわばらせた。風呂やトイレなど、僕が日常生活を送るには、妻の介助が欠かせない。重いものを持ってはいけない——つまり、僕のことを抱えてはいけないとなれば、僕らの生活は成り立たなくなってしまうのだ。

だが、ようやく授かった命。そう簡単にあきらめるわけにはいかない。そんなピンチを救ってくれたのが、事務所のスタッフや友人たちだった。毎晩、入れ替わり立ち替わり、わが家を訪れては、身重の妻に代わって、僕を風呂に入れてくれた。なかにはベロベロに酔っ払いながらも、「今日はオレの番だから」と介助に来てくれた友人までいた。

ところが——。

こうして仲間の助けを借りながら、お腹のなかで順調に命を育んでいたはずの妻だったが、出産を二ヵ月後に控えたある日、そのお腹をさすりながら、ぽつりとこぼしたのだ。

「私、この子のこと、愛せるかな……」

病院などで出会うほかの妊婦さんに話を聞くと、とにかくお腹のなかの命が愛おしくてたまらないという。でも、彼女のなかでは、いまだそうした感情が芽生えてこず、あせりを感じているというのだ。

その言葉を聞いて、僕は頭のなかが真っ白になった。もしかしたら、もう僕は一般的な〝幸せな家庭〟というものを築けないのかもしれない。それどころか、妻の抱く懸念は、ともすると虐待にまで発展するかもしれない。まさか、自分の築く家庭がそんなことになるなんて――。

だが、ここで妻を責めたところで、何の意味もない。人間の感情とは自然発生的なものだから、彼女にだって何の責任もないのだ。

僕は努めて冷静に、彼女に伝えた。

「そっか……でも、それは仕方ないよ。それに、いざ生まれてみたら、また心境に変化があるかもしれないし」

彼女は、少しホッとした様子でうなずいた。

「それに、もし生まれてみても、『やっぱり愛せない』となったって、だいじょうぶだよ。そのぶん、オレが二倍愛してやるんだから」

二〇〇八年一月三日、長男が誕生した。陣痛が二日間も続く難産だった。苦しみの末に生まれた命が、助産師さんの手によって、寝台に横たわる妻の胸のあたりに乗せられた。

「どう、元気な男の子よ。いま、あなたのお腹のなかから出てきたのよ」

妻は少しだけ首の角度を変えると、生まれたばかりのわが子をじっと見つめた。

僕は、少しだけ緊張した。

「あったかい……」

それは、もう、すっかり慈愛に満ちた、母の表情だった。

ああ、これでもう、だいじょうぶだ——。

友人たちが必死につないでくれた命が、こうして無事に生まれてきてくれた。そして、妻がすべての不安から解放され、ようやく母になった。よろこびや安堵感といった思いがないまぜになり、僕の胸にも、例えようのない、あたたかなものが流れていた。

形勢逆転

彼女は、たちまち母性を発揮した。不器用きわまりないはずの彼女が、それでも必死におむつを替えていた。大きな洗面器に何度も手を入れては温度を確認しながら、慣れない手つきでわが子を沐浴《もくよく》させていた。二、三時間おきに起こされる夜中の授乳でさえ、イヤな顔ひとつせず、あたりまえのようにこなしていた。わずか二ヵ月前に「わが子を愛せるだろうか」と心配していた女性とは思えないほどの変貌ぶりだった。

そうした妻の様子を、僕は頼もしく、しかし、たしかな焦燥感とともに見つめていた。妻がまたたく間に母親となっていくというのに、僕はなかなか父親になれずにいたのだ。いや、「父親になれずにいた」とは言いすぎかもしれない。けれど、ようやく生まれてきたわが子に対して、僕は父親らしいことを何ひとつしてやれていなかったのだ。

ただでさえ、子どもが生まれて間もない頃の父親というものは、育児から疎外されていると感じやすいと言われる。この時期の育児というのは、生まれたばかりの赤ん坊の「生命を維持する」ことが最大の役目だ。そして、そのメインとなる手段は、授乳となる。もちろん、哺乳瓶からミルクを与えるケースもあるだろう。だが、わが家の場合は、母乳。それは、妻にしか務めることのできない役目だ。

そうした状況のなかで、父親はサブ的な役割を果たしていくことになる。悪戦苦闘しながら、おむつ替えをする父親もいる。沐浴だって、母親ひとりで行うより、父親も協力したほうがずっとスムーズにいくはずだ。それまではパートナーが担ってくれていた家事を分担することだって、十分に育児参加になるだろう。そうやって、父親は「助演男優」として、妻を助け、子どもを育てていくのだ。

だが――。

僕には何ひとつ、できることがなかった。おむつを替えてあげることも、沐浴を手伝うことも、家事を分担することも、何ひとつ、できなかった。

そうこうしているあいだに、妻と長男は——母と子は、僕の目の前でぐんぐんと距離を縮めていく。目に見えないはずの絆が、信頼関係が、僕には見える気がした。いったい、僕はどうやって息子との距離を縮めていけばいいのだろう。どのようにして、信頼関係を築いていったらいいのだろう。

この当時、僕が息子に向けていた笑顔には、どこか曇りがあった。悔しさやもどかしさも、もちろんあった。だが、「申しわけない……」という気持ちが、何より強かった。

子守唄は『六甲おろし』

そんな僕のあせりに、妻も気づいてくれていた。そして、少しでも僕の心を軽くしようと、ある役割を与えてくれた。

「じゃあ、この子が泣いたり、ぐずったりしたら、あなたが童謡でも歌ってあやしてよ。たしかに、おむつ替えとかはできないかもしれないけど、歌くらいなら歌えるでしょ」

ところが、お恥ずかしいことに、僕はその童謡さえ、満足に歌うことができなかった。もちろん、だれもが知っているような童謡なら、サビの部分くらい歌うことはできた。だが、はじめからおしまいまで、歌詞をすべてそらんじている曲が、『ぞうさん』くらいしかなかったのだ。

「この際、童謡じゃなくてもいいか……」

開きなおった僕は、自分が最初から最後まで歌詞を暗記できている曲を必死に探した。足しげくカラオケに行っていた学生時代なら、あれこれと頭に浮かぶ曲もあったのだろうが、もう三十路《みそじ》を越えた身だ。あんなに歌いこんだはずの曲も、すでに記憶があいまいになってきている。

「うーん……あった！」

僕は幼いときから、大の野球好き。なかでも、阪神タイガースの大ファンだった。自分の小遣いで初めて買ったＣＤも、阪神タイガースの応援歌である『六甲おろし』。もちろん、一番から三番まで、歌詞はすらすらと思いだすことができた。

すぐに試してみた。リビングで寝かされている長男がひくひくと泣きだすと、すぐそばまで飛んでいき、顔をのぞきこむようにして――。

「六甲颪《おろし》に　颯爽《さっそう》と〜♪　蒼天翔《そうてんか》ける　日輪《にちりん》の〜♪」

これが不思議なことに、ピタリと泣きやんだ。いや、ただの偶然だろう。そんな気持ちで試してみると、また泣きやんだ。妻はずいぶんと渋い顔をしていたが、どうやらわが家の長男は、「六甲おろしで泣きやむ子」になってしまったのだ。

生後六ヵ月頃のことだった。妻も、僕も、食べることが大好き。結婚当初は、ふたりで美味しいものを食べに行くことが楽しみのひとつだった。ところが、いざ子どもができてみると、なかなかそうした機会を持つことがむずかしくなる。だが、誕生から半年ほどが過ぎて、僕らにもわずかながら余裕ができてきた。近所のビストロに電話をしてみると、小さな子連れでもOKだと言う。お言葉に甘え、僕らは長男を連れて、ひさしぶりに外食に出かけた。

はじめこそベビーカーのなかでおとなしく眠っていた長男。だが、メインを食べ終え、まもなくデザートに差しかかろうとしたとき、ぱちりと目を開けた。

「ひっく、ひっく……」

あ、これはやばい――。

正面にすわる妻の顔を見ると、僕のほうを見て、無言の合図を送っている。

「え、ここで？　本当に？」

僕も、無言で彼女の意志を確認した。妻は、無慈悲にも、こくりとうなずいた。それを見た僕は、仕方なくベビーカーに顔をうずめるようにして、小声でそっと歌いだした。

「六甲颪に　颯爽と～♪　蒼天翔ける　日輪の～♪」

いまにも泣きだしそうだった長男の顔が、少しずつやわらいでいく。

（ああ、よかった……）

僕は、必死に歌いつづけた。近所のビストロで、恥をさらしながら歌いつづけた。僕には、これくらいしか、できることがなかったから。

扇風機事件

しばらくは、下手くそな歌を口ずさむことでごまかしていた。たったそれだけのことで育児に参加できているとは思えなかったが、無理やりにでもそう考えなければ、苦しくて胸が張りさけそうだった。だが、ついにそんなことではごまかしきれない、ある決定的な事件が起こってしまったのだ。

ある夏の晩のことだ。僕は自分の部屋でパソコンに向かっていた。床には長男がいた。この頃になると、長男はずりばい（うつぶせの姿勢でお腹を床につけたまま進む、ほふく前進のようなはいはい）ができるようになり、自分の意志で家じゅうを動きまわるようになっていた。

しばらくは僕の傍らにいた長男だが、やがて飽きたのか、部屋のなかをぐるぐると移動しはじめた。僕はパソコンの画面に視線を注ぎつつ、視界の端で息子の動きをとらえるようにしていた。

（あ、でも、そっちは……）

（いや、もっと左に行ってくれ……）

（だから、そっちは危ないってば……）

部屋の片隅では、扇風機が回っていた。息子がそちらに近づきそうになるたびに、僕はドキッとした。だが、彼の動きは僕の願いもむなしく、だんだんと危険な方向へ。

「危ないっ！」

ついに扇風機のあるあたりまでたどりついた息子は、腹ばいになったまま、必死に手を伸ばしている。

「ヒトミ、ヒトミーッ」

大声でキッチンにいる妻を呼んだ。しかし、揚げ物をしているらしく、どうしても手が離せないという。そうこうしているうちに、息子の指はいよいよ扇風機に触れそうな距離に迫っていた。

どうしよう——。

僕はあわてて息子のもとに駆け寄ると、のけぞるように上半身を持ちあげている息子の胸のあたりに僕の短い腕を差し入れ、そのままぐいっと腕を引きあげた。その反動によって、息子の体はくるっと半回転。フローリングの床に、ごつんと頭から落ちた。

「んぎゃあ、んぎゃあ」

火がついたかのように泣きだす長男。

「だいじょうぶ？」

そこへ、火を止めた妻が飛んできた。泣きさけぶ息子を両腕でしっかりと抱きしめる母。何もできずに、呆然とする父——。

「ごめん……」

「いいわよ。指がなくなるより、よっぽどいいじゃない」

情けなくて、涙が出た。僕に手があれば、僕に抱えてやれる腕があれば、息子は頭から床に落ちることなどなかったのだ。

僕に手があったなら——。

僕がフツーの父親だったなら——。

こぼれ落ちた涙は、僕のひざ上までしかない短い足を濡らした。

妻の言葉と茜空

なかなか信じてもらえない話だが、僕はこうした身体で生まれたことを、一度もつらいと感じたことがなかった。

「障害があっても楽しく生きているというメッセージを伝えるため、『五体不満足』では、あえてつらいエピソードは書かなかったんでしょ？」

読者の方からも、よくそうした声が届けられた。だが、僕は本当に、この境遇を恨んだことがなかったのだ。

それは第一章でも書いたように、両親の育て方によるところが大きかったのだと思う。この身体を理由にいじめに遭ったこともなければ、障害のせいで何か大きな制限を受けたということもない。もちろん、学校の先生方や友人に恵まれたことも大きかっただろう。そうした周囲の手助けや配慮によって、僕は多感な思春期でさえ、この障害を苦に思うことがなかったのだ。

そんな僕が、人生で初めて、この身体をつらいと思った。この境遇をしんどいと感じた。自分のことは何とかしてきた。周囲も手伝ってくれた。だが、自分が何かをしてあげたい相手ができたとき、自分が守ってやりたい存在ができたとき、僕にはどうすることもできなかったのだ。

　そして、この悲しみは、この日かぎりで終わるものではない。僕が父親でありつづけるかぎり、自分の愛する息子をみずからの手で守ってやることができないという情けなさと無力感は、まるで影法師のようにこの先もずっと僕につきまとい、苦しめつづけるのだ。これまで両親が大切に育んでくれた自己肯定感が、僕のなかで大きく揺らいでいた。これまでひとつひとつ積みあげてきた僕という人間が、内側からもろくも崩壊していくような感覚に、僕は恐怖していた。

　当時は、教員として仕事でも大きな壁に直面していた。職員室でも自分らしさを発揮することができず、家庭のなかでも自分の存在意義に不安を感じていた僕は、ほとんど精神的なバランスを崩していた。もちろん、そんな僕の様子に妻も気づいてはくれていたが、彼女もまた、慣れない育児に余裕を失っていた。そんな時期が、しばらく続いた。

　ずいぶんと日が暮れるのが早くなったある週末、長男を連れて、妻の実家に遊びに行くことになった。リビングで義父母が長男の面倒を見てくれているおかげで、僕らはひさしぶりに、ふたりだけで話をする環境を得た。

「最近、元気ないみたいだけど、だいじょうぶ？」

僕を気づかう言葉をかけてくれた彼女に、僕は「だいじょうぶではない」旨を伝えた。僕自身が強く望んでつくった子どもに、何もしてやれていない現実。そんな無力感に押しつぶされそうになる日々。育児というものがどれだけ過酷なものかを目の当たりにしながら、何の手伝いもしてあげられていない申しわけなさ――それまでの数ヵ月間、胸の内に溜めこんでいた思いを、すべて吐きだした。

僕の話を最後まで聞いた妻は、意外にもあっけらかんとした口調でこう言った。

「ママ友と話してるとね、ほかのパパたちだって、そんなに手伝ってるわけじゃないみたいよ。ほら、手足があって、できるはずなのに何もしてくれないとなれば腹も立つけど、あなたみたいに最初からできないとわかっていれば、とくに腹も立たないわよ」

――そんなもんかね……。

「そんなもんよ」

——そっか……。

「そんなことよりもね、私が子育てのなかで悩んだり、行き詰まったりしたときに、話を聞いてくれて、いっしょに考えてくれるパートナーがいるんだと思えることのほうが、私にはどれだけありがたいか」

——えっ。

「いざというときに相談できる相手がいるって、やっぱり心強いのよ」

この言葉に、どれだけ救われたことか……。彼女が心からそう思ってくれていたのか、それとも僕の心を軽くするために、あえてそうした言い方をしてくれたのかは、いまでもわからない。しかし、彼女のこの言葉が、僕のなかでひび割れ、いまにも砕けかけていた自己肯定感をつなぎあわせてくれたことは、まぎれもない事実だった。

窓の外に視線をやると、オレンジ色の夕陽が秋の空を茜色に染めていた。この日、この場面、この会話を、僕は生涯忘れることがないと思う。

パンツをずりっ!

妻が応急処置を施《ほどこ》してくれた僕の自己肯定感に、ふたたび輝きを取り戻させてくれたのは、ほかならぬ長男だった。

日常生活において、僕には、ひとりではできないことが多くある。たとえば、トイレ。踏み台を使って便座にあがることはできても、この短い手では、どうしても衣服の着脱をすることができない。結婚するまでは両親が、結婚してからは妻が、遊んでいるときには友人が、仕事のときには事務所のスタッフが介助をしてくれていた。だが、そこに新たな戦力が、もうひとり加わったのだ。

仕事部屋でパソコンに向かっていた僕は、トイレに行きたくなって妻を呼んだ。ふたりでトイレに入り、僕が便器に手をつくような形で腰を浮かせると、妻がズボンを下ろす。そして、次にパンツを――と、いつもの手順で進んでいたはずが、妻の手が止まり、いつまでもパンツを下ろしてくれない。

(あれ、どうしたのかな……)

便器に手をついたまま振りかえってみると、そこに一歳を過ぎ、よちよち歩きができるようになった長男がトイレに〝乱入〟してきたのが見えた。僕のすぐうしろまで来ると、何やら必死に手を伸ばしている。そして、そのもみじのようにかわいい手が僕のパンツにかかったかと思うと、長男はその手を一気に引き下ろした。

「えっ」

「おおっ」

僕と妻の感嘆の声が、せまいトイレ内に響きわたる。あっ気に取られている僕ら夫婦を尻目に、長男は無邪気に声をあげて笑っていた。

ただの偶然かな、とも思った。いたずらのような気持ちだったのかな、とも考えた。だが、そのあとも僕がトイレに行こうとすると、あとからついてきては、パンツを下ろしてくれる。こうなると、たんなる偶然でも、いたずら心でもない。一歳児ながら、彼なりに父親の手伝いをしてくれようとしているのだ。

一歳半を過ぎると、手伝いのバリエーションが増えてきた。たとえば、ひげ剃り。僕はT字型のカミソリではなく、電動シェーバーを使っている。ふだんは、その電動シェーバーを使って、妻や事務所のスタッフがひげを剃ってくれるのだが、長男がそれを真似て、手伝ってくれるようになった。小さな手でしっかりと電動シェーバーをつかみ、一歳児とは思えない真剣な表情で僕の口もとを見つめる姿は、いじらしくも、また微笑ましくもあった。

また、僕は携帯電話をポケットやカバンのなかにしまってしまうと、自分では届かなくなるため、外出するときは革ひもで首からぶら下げている。それを、外出前に首にかけてくれたり、帰宅すると外してくれたりといった仕事も、やはり一歳半を過ぎた頃から長男がしてくれるようになった。

僕が頼んだわけでもない。妻が教えたわけでもない。にもかかわらず、こうして二歳にも満たない幼い子どもが、自分の意志で、自分の考えで、積極的に手伝いをしてくれるようになった。そのことが、僕にも、妻にも驚きだった。

(そういえば、あの頃も——)

僕は、担任として初めてクラスを受けもった当初のことを思いだしていた。

キケンな落とし穴

担任として初めて受けもったのは、三年二組。二十三名の子どもたちが、愛しくて仕方なかった。だが、彼らへの愛が強くなればなるほど、僕は彼らに対して、負い目にも似た思いを抱くようになっていった。

「してあげられないことが多くて、すまない」

「ほかの先生と同じようにできないことが多くて、ごめんな……」

採用にあたっては、杉並区の教育委員会と何度も話し合いの場を持った。

・理科の実験のとき、実験器具はどのように扱うのか。

・ケンカが起こったとき、どのように仲裁に入るのか。

・子どもが割った牛乳瓶をどのように片づけるのか。

僕が教壇に立った場合、僕のような障害のある人が、担任としてクラスを持った場合、どんな「困った事態」が発生するのか。それこそ百個ほどのリストを作成し、ひとつひとつ検討していった。そのほとんどが、「介助員をつける」ことで解決できるのではないかという結論に至り、それまで僕の仕事をサポートしてくれていた事務所のスタッフが、その任に就くこととなった。

いざというときには、その介助員が手助けをしてくれる。だから、実質的に子どもたちに迷惑をかけることはない。それでも、体育の時間に介助員が逆上がりや跳び箱の手本を見せて、子どもたちから喝采《かっさい》を受けていたり、休み時間に校庭で鬼ごっこをしていたりといった光景を見ていると、僕は教師としての自分の存在意義に、不安と疑問を感じることがあった。

また、災害が起こったときのことを考えると、最も胸を締めつけられた。日頃はエレベーターを利用して三階の教室まで行き来している。だが、災害時にエレベーターを使うことはできない。小学校、中学校、高校、大学とすべてそうしていたように、僕自身はお尻を引きずるようにして、階段を下りていくことになるだろう。だが、そのような形では、とても子どもたちを先導することなどできない。もし災害が起こったときには、介助員が先頭に立って子どもたちを避難させ、僕は介助員の助けを借りずに、自分の力で校庭まで避難する――と決めておいた。

介助員は、きっとその役目を果たしてくれるだろう。子どもたちも規律を守り、しっかり避難してくれるだろう。しかし、それでいいのか。担任は、だれなのか。彼らの安全を守ることにおいて責任を負っているのは、この僕ではないのか。なのに、なのに――。

仕方がないことだと頭では理解していながらも、やはり責任を放棄しているかのような意識が拭いきれず、僕は月に一度行われる避難訓練のたびに、心のなかで「ごめん、ごめん」と、子どもたちに詫びていた。

そうした罪悪感から僕を救ってくれたのが、じつはクラスの子どもたちだった。はじめのうちこそ、手も足もない担任に戸惑い、身がまえていた彼らだったが、慣れてくると、ずいぶんその距離が縮まっていった。そして、その行動にも変化が表れるようになっていったのだ。

たとえば、牛乳キャップ。爪のない僕には、給食で出てくる牛乳ビンのフタを開けることはできないので、はじめは介助員がわざわざ僕の席まで来て、開けてくれていた。ところが、しばらくすると、近くの席の子どもが何も言わずとも開けてくれるようになった。

たとえば、漢字ドリル。休み時間に、僕が宿題に出した漢字ドリルの丸つけをしていると、いつのまにか子どもたちが僕のまわりに来て、ドリルを押さえたり、ページをめくってくれるようになった。

「僕たちの担任は、手と足のない障害者だから、僕たちが手伝ってあげなければ――」

そんな気負いがあったわけでもない。彼らはごく自然な形で、僕の手伝いをしてくれるようになったのだ。

そのやさしさは、やがて僕だけでなく、まわりの友達にも向けられていくようになる。ギプスをして腕を吊《つ》っている子がいれば、荷物を持ってあげようと歩み寄る子がいた。牛乳をこぼす子がいれば、何人もの子がいっせいに立ちあがって、後始末に走りだした。そうした行動も、「わざわざ」「恩着せがましく」ではなく、困っている人がいれば、自然に手を貸す――それがあたりまえという雰囲気ができていったのだ。

「二組の子どもたちは、やさしい子が多いですね」

ほかの先生にそんな言葉をかけていただいたとき、僕はハッとした。

「担任なのに何もしてあげられない、それどころか、子どもたちに手伝ってもらわなければならないことも多い僕のような人間は、やはり教師になどなるべきではなかったのかもしれない」

たしかに、そんなことを考えた時期もあった。しかし、べつの角度から考えてみれば、担任がそのような存在だったことで、彼らなりに感じてくれたこと、学んでくれたことがあったかもしれない。

教育とは、「何をしてあげたか」が重要なのではない。子どもたちが「どう成長したか」が重要なのだ。そう考えるなら、〝乙武先生〟だって、アリかもしれない。ほかの先生とは大きく手法が異なるけれど、僕は僕なりのやり方で、子どもの成長に貢献できているのかもしれない――。

「みんなちがって、みんないい」

子どもたちにそんなメッセージを伝えていたはずの僕自身が、そのメッセージを忘れてしまっていた。

「ほかの先生と同じことができない」

「僕にだけできないことがある」

そのことばかりに心を奪われ、「僕には何ができるのか」という最も大切な視点を忘れてしまっていたのだ。

教育現場でもそうした苦い経験を積んできたはずなのに、子育てにおいても、僕はまた同じ落とし穴にはまってしまっていた。「できないこと」「してあげられないこと」ばかり気に病み、それが息子の成長にどんな影響を与えているのかまで、考えをめぐらせることができていなかったのだ。

いまでは、五歳の長男と二歳の次男が競うように手伝いをしてくれている。一歳のときから手伝いをしてくれるようになった長男は、いまでは料理や食事の配膳、金魚の水槽のそうじなど、僕の世話だけでなく、家事の手伝いまでしてくれるようになった。そして、当時は長男がやってくれていたひげ剃りや携帯電話の取り外しなどを、いまは二歳になった次男が担当してくれている。

育児に参加できず、もがき、苦悩していたあの頃の僕は、もういない。

たしかに、僕には、ほかの父親と同じようにはできないことが多くある。でも、そのことで子どもたちが何かを学び、成長してくれているのなら、それでいいじゃないか。

子育てだって、「みんなちがって、みんないい」――。

そう思えるようになった途端、僕は子育てを心から楽しめるようになった。

「今日も大好きだよ」

ほかの父親たちと同じ子育てをしなくたっていい。そんなふうに思えるようになって、僕はあらためて「僕にもできること」探しをした。いちばん最初に見つけたのは、やっぱり、これだった――「自己肯定感を育むこと」。

いまの僕があるのは、障害者であることを含めて、自分のことを受けいれ、認めているから。これは障害の有無にかかわらず、きっと健常者だって同じはずだ。自分のことを受けいれ、認めることができていれば、他人から見てどんな苦しい状況に立たされようとも、前を向いて、力強く歩いていくことができる。

僕には手足が与えられなかった。それでも、両親から自己肯定感を与えてもらうことができた。だからこそ、いま僕はこんなにも幸せな人生を歩むことができている。ならば、こんどは僕が父親として、息子に自己肯定感を育んでいく番だ。そこに、手足の有無など関係ない。必要なのは、愛だ。そして、その愛を伝える言葉だ。

具体的にどのようにして、息子に自己肯定感を育んでいけばいいのか。頭のなかでイメージをふくらましていったとき、まっさきに浮かんだのは父の姿だった。

「おはよう、今日も愛してるぜ！」

朝起きてリビングに登場するなり、そんなセリフを恥ずかしげもなく言えてしまう父。自分は「アヒル」ばかりだったとウソをつき、成績の下がった息子を励ましてくれた父。おむつのなかで用を足してまで、僕の受験を後押ししてくれようとした父。思い返すと、すべての思い出が、愛に満ちていた。

父のような、父になろう――。

もちろん、まったく同じようにできるとは思っていない。だが、父がそうしてくれていたように、僕なりの言葉で、態度で、息子に愛を伝えていくことのできる父親であろうと心に決めた。

「お父さん、今日も○○君が大好きだよ」

「○○君は、お父さんの宝物だからね」

おはようの時間が来れば、この短い腕でハグをした。おやすみの時間が来れば、顔を近づけてほおずりをした。いまも、ことあるごとに、彼らに愛の言葉を伝えつづけている。

はじめこそ、不思議そうに僕の顔を見つめ返していた子どもたち。だが、少しすると、それらの言葉に安らぎの表情を浮かべてくれるようになった。ハグを返してくれるようになった。笑顔を返してくれるようになった。そして、言葉を話せるようになると、うれしそうな顔で、「○○も、おとうさんすきい」と返してくれるようになった。

息子たちが五歳と二歳になったいまでも、この習慣は続いている。彼らが大きくなり、反抗期を迎え、「オヤジ、うるせえよ」と言われるようになっても、「今日も大好きだよ」と伝えられる父でありたいと思っている。

幻のウエディングドレス

僕が息子に対して、積極的に愛情表現していこうと思ったのには、もうひとつ理由がある。妻との役割分担だ。

僕が二十一歳、彼女が十八歳のとき、大学の先輩後輩として出会った僕らだが、当時の彼女は、「自己肯定感」という言葉とは、まるで無縁の生き方をしていた。神奈川県内屈指の進学校である県立高校を卒業し、ストレートで早稲田大学法学部に合格。大学入学後は弁護士を目指して司法試験の勉強を進めていたにもかかわらず、なぜか僕と結婚してしまうという不思議な人生を歩んできた彼女。僕とはちがって地道な努力を重ねていくことも苦にしないタイプで、身内の僕が言うのも照れくさいが、とても優秀な女性だ。

しかし、そんな彼女にも弱点があった。小さな頃から、人づきあいが苦手だったのだ。小学生の頃はクラスメイトとウマが合わず、休み時間になると図書室にこもって本を読んだり、図鑑をながめていたりするのが唯一の楽しみだったという。中学時代も、おしゃべりする間柄の友人は何人かいたが、どこかで孤独を感じていたのだそうだ。高校生になって、「ようやく自分のことを理解してくれる友人に出会えた」そうだが、それでも彼女が自己肯定感を抱くまでには至らなかった。

彼女が司法試験に向けて勉強に励んでいた理由も、「私のような人間が、結婚してだれかと暮らしていくことなど考えられない。長い人生、どうせひとりで生きていくことになるのだから、しっかりとした収入を得られる仕事につこう」というものだったというから、じつに興味深い。

そんなところに、僕がひょっこり現れた。彼女とは、まるで正反対。手も足もないのに、なぜか自己肯定感に満ち満ちている――。じつは、僕らが出会う前、彼女は一度だけ大学のキャンパス内で僕を目撃したことがあったという。もちろん、僕がまだ『五体不満足』で世に知られるずっと前のことだ。

「なんか友達にいっぱい囲まれてて、楽しそうに笑う人だなあって」

車いすに乗っているとか、両手両足がないとか、彼女のなかで印象に残ったのはそんなことではなく、内面的なことだったというのだ。

僕らはその数ヵ月後に出会い、付き合うようになる。あとになってから聞いた話だが、彼女は僕と出会ったときから、すでに好意を抱いてくれていたのだという。だが、その話を聞いて、僕は飛びあがるほど驚いた。とてもそんなふうには思えないほど、僕に対する彼女の態度はじつに素っ気なく、僕は幾重《いくえ》にも張りめぐらされたバリケードを越えていかなければ、彼女の懐《ふところ》に飛びこんでいくことができなかったのだ。

「わざとそうしてたのよ。『私は、こんなに他人とうまくやっていくことがむずかしい人なんです』というのを感じてもらって、それで引き返していくなら仕方ないって」

なんと、僕は試されていたのだ！

だが、どれだけバリケードを築かれようとも、僕は図々しく、厚かましく、それを乗り越えていった。そのしつこさに、ついに妻も白旗をあげたというわけだ。

「私が家族以外のだれかと暮らしていくとしたら、こういう人しかいないのかな……」

結婚を決めた理由を聞いたときも、まるで消去法のような答えが返ってきて大笑いした記憶がある。

僕らが結婚式を挙げなかったのも、妻のたっての希望だった。

「三時間も自分が主人公となって、人から注目を浴びるなんて耐えられない」

僕との出会いによって、以前よりは自己肯定感を抱けるようになったという彼女だが、それでも根底には、「私のような人間が……」という自分への冷めた視線がある。

「どうせ似合ってもいない私のウエディングドレス姿を見て、みんなが『きれい』とか、『似合ってる』とか、歯の浮くようなお世辞を言うんでしょ。その場面を想像しただけで、絶対にやりたくないと思っちゃう」

小さい頃から、ほめられることが何より苦手だったという妻らしい意見を聞いて、僕は苦笑いを浮かべつつ、彼女の意志を尊重した。

同じような理由から、妻はプレゼントをもらうことも苦手だ。

「だって、どんな顔で、どんな言葉を口にしたら感謝の気持ちが伝わるのかなとか、そういうことばっかり考えちゃうと、いろいろ面倒で……」

そういえば、これまでに何度か妻にプレゼントしたことがあるが、ただ「ありがとう」という愛想もへったくれもない言葉が返ってきた。彼女にしてみれば、感情をこめて伝えているつもりなのだが、それがなかなか相手には伝わらないのだ。これまでの経験から、彼女にもそれがわかっているから、相手にプレゼントをもらうということ自体を、億劫《おっくう》に感じるようになってしまったのだ。

彼女自身も、自分があまり感情表現の豊かなタイプでないことは意識しているし、僕もそんな彼女の特性をよく理解している。でも、それでいいと思っている。夫婦の役割分担だって、「みんなちがって、みんないい」――。

僕にはおむつ替えや身の回りの世話など、物理的な育児ができない。彼女は、息子たちへの愛を、表現豊かに伝えることができない。夫婦で、「できないこと」「苦手なこと」がちがっているだけなのだ。

だったら、うまく役割分担をすればいい。僕は、妻のぶんまで、息子たちに「愛してる」と伝えていこうと思っている。それが、僕のできない役割をしっかり果たしてくれている妻への感謝の表現でもあると思っているから。

幸せのカタチ

ほとんどの親が、わが子のことを愛している。わが子に「幸せになってほしい」と願っている。それが、知らず知らずのうちに「愛の押し売り」をしてしまい、結果としてわが子を苦しめてしまっているというケースをよく見かける。

たとえば。

第二章でも紹介した『だいじょうぶ3組』『ありがとう3組』には、陽介という少年が登場する。勉強もでき、スポーツも万能、学級委員も務めるクラスのリーダー的存在だ。ところが、ある日、陽介が万引き事件を起こしてしまう。だれもが、「まさか……」と耳を疑った。「あの優等生の陽介が、そんな事件を起こすわけがない」と思ったのだ。

ところが、彼は家庭において大きな葛藤を抱いていた。父親からは、自分よりもさらに優秀な兄と比較され、その兄とともに、父が開業した病院を継ぐことを期待されていた。いや、それが「期待されていた」といった程度の軽やかな感情であったなら、陽介自身もそこまで悩むことはなかったのだろう。だが、父親の思いはそうした生やさしいものなどではなく、首根っこをつかまえてでも、思う方向に進ませようという「厳命」に近いものだったのだ。

だが、陽介にはプロのサッカー選手になりたいという夢があった。いよいよ中学受験の時期が近づくにつれて、父親の敷いたレールと、自分が進みたいレールとが一致していないことに、陽介は大きな苦悩を抱くようになっていく——。

じつは、このエピソードは僕が教員として出会った子どもたちや、さらには僕の友人の境遇をもとに描いた創作だ。だが、読者からは「とてもフィクションとは思えない」「すごくリアル」という声をいただく。おそらく、それはみなさんのまわりにもこうしたケースが存在しているからではないだろうか。「わが子を意のままに動かしたい親」と、「そうした親の意向に苦しめられている子ども」という図式を、わりと身近に感じたことがあるからではないだろうか。つまり、このエピソードはけっして陽介にかぎった話ではなく、だれにでも起こりうる「ありふれた物語」なのだ。

しかし、ここで誤解してはならないのは、陽介の父親は——そして多くの親は、わが子を苦しめようという気持ちなどみじんもないということだ。それどころか、わが子に幸せになってもらいたいと願っているからこそ、みずからレールを敷き、その上を歩かせようと尽力するのだ。

この「ありがた迷惑」な状況は、なぜ起こってしまうのだろう。それは、多くの親が、「自分と子どもとは、けっして同じ人間ではない」という前提を忘れてしまっているからではないだろうか。自分の価値観における幸せが、きっと子どもにとっても幸せだろうと決めつけてしまうケースが、あまりにも多い気がするのだ。

たとえば、男性。これまでなら、「いい学校を出て、いい会社に就職する」ことが幸せになるための必須条件だと言われてきた。これまでの数十年間においては、おそらく、その王道を進んでいれば、幸せな人生を送れる人が多かったのだろう。

だが、いまの時代にもその黄金パターンが適用できるのかといえば、多くの人が疑問を抱くような状況になってきた。大企業でさえ、いつ破綻するかわからない時代だ。そんな現代を、そしていまから数十年後の未来を生きる子どもたちに、「いい学校を出て――」と化石のような呪文を押しつけたところで、そこに幸せが確約されるとは思えない。

たとえば、女性。これまでなら、「オンナの幸せは、結婚して、子どもを生むことよ」などと言われることが多かったように思う。だが、それは「そうするしかない」ということの裏返しではなかっただろうか。数十年前までは、女性が社会的に活躍できる土壌が十分に整っていなかった。家庭に入るほか、道がなかった。だから、そこにしか幸せを見いだせない人が多かったとしてもうなずける。

だが、時代は変わった。キャリアウーマンなどという言葉が浸透してずいぶんと経つ。女性も働くことがあたりまえになった現代において、「やっぱりオンナの幸せは――」と、女性が家庭に縛りつけられていた時代の幸福論を語ったところで、いまや社会的に活躍の場を得た彼女たちには、鼻で笑われるだけかもしれない。

もっと言うなら、いまこうして僕が語ってきたような、「男ならば」「女ならば」という性差だって、ずいぶん曖昧な時代になってきた。出世競争に明け暮れる、闘争心むきだしの女性もいれば、主夫として家事や育児にいそしむ男性だっている。さまざまな生き方がある。さまざまな幸せがある。にもかかわらず、「おまえにとっての幸せはこれだ」と決めたがる親がいる。それによって、苦しむ子どもがいる。

「この子たちにとっての幸せとは、どんなものなのかな」

時折、息子たちの寝顔を見ながら、考えてみたりする。でも、あまりに意味のない行為だと気づき、すぐにやめる。せめて、彼らそれぞれの幸福観を否定せず、「それが君にとっての幸せなら、それでいいじゃないか」と理解を示すことのできる親であれたらいいな。

いやなきもちになる

家族で出かけると、かならず兄弟ゲンカが起こる。どちらが車いすの座席にすわるか、争奪戦になるのだ。その日は、たまたま長男だけを連れて、新宿のあたりを走っていた。当時四歳だった長男は、車いすの座席にちょこんと腰かけ、僕にもたれかかるようにして身を預けている。僕らはふたり乗りのような形で、職安通りを走っていた。ＪＲのガード下に差しかかると、長男がじっと左下に視線を落としたまま、動かなくなった。

（あっ……）

僕は長男の視線の先に気づいたが、とくに何も言わずに通りすぎた。そして、しばらく進んだところで、ようやく長男に話しかけた。

――ねえ、さっきは何を見てたの？

「あのね、段ボールのなかにね、おじさんがねてたの」

――あのおじさんはね、あそこがおうちなんだよ。

「えっ、あそこが、おうちなの？」

長男は振りかえり、目を丸くして驚いていた。

――だれだって、ケガをしたり、病気になったりしたら、お仕事ができなくなってしまうよね。もし、お仕事ができなくなったら、その人はどうなってしまうかな？

「おかねが、もらえなくなっちゃう」

――そのとおりだね。お金がなくなっちゃった人は、おうちに住めるかな？

「すめないね……。そっか、だからさっきのおじさん、あそこにすんでるのか」

――でもさ、自分だって大人になって、何かの理由でお仕事ができなくなってしまうかもしれない。そのときは、ああいう場所に住むことがあるかもしれないよね。

「うん」

――そういうとき、そこを通る人がみんなじろじろ見て行ったら、どんな気持ちになる？

「いやなきもちになる」

――そっか。じゃあ、もし、こんど道を歩いていて、ああいうおうちに住んでいる人がいたら、どうする？

「あんまりみないようにする！」

――そっか、じゃあ、そうしよう。

少々まわりくどいやり方であることは、僕もわかっている。「あんまり、じろじろ見ちゃダメだよ」とひとこと言えば、それで済むことなのかもしれない。しかし、僕はそういう教え方はしたくなかったのだ。

車いすで街なかを走っていると、小さな子どもたちとすれちがうことがある。車いすや手足のない僕の身体を見て、不思議に思うのだろう。たいていの子はお父さんやお母さんのほうを振りかえり、好奇心いっぱいに目を輝かせて質問する。

「あれ、なあに？」

そのとき、ほとんどの親御さんは、気まずそうな表情を浮かべながら、「ほら、行くよ」と子どもたちを連れていってしまう。きっと、僕に聞こえない位置まで行ってから、そっと声をかけているのだろう。

「あんまり、じろじろ見ちゃダメよ」

これでは、なぜ子どもはじろじろ見てはいけないのか、考える機会を奪われてしまう。親に言われたから、「じろじろ見てはいけない」と、ただ禁止事項としてインプットされているだけ。このままでは、やがて障害者を「触れてはいけない存在」として認識するようになるだろう。

息子たちには、「他人の答え」を借りたまま生きていく人間になってほしくない。だれかの回答を丸写しして、自分で答えたような気になってほしくない。しっかりと自分の頭で考え、自分で判断し、自分なりの答えを出せるようになってほしいのだ。

「相手の人がいやな気持ちになるだろうから、僕は見ないようにする」

たとえその結論が同じだったとしても、それが「親に言われたから」なのか、「自分がそう思ったから」なのかで、彼のとらえ方は大きくちがってくるはずだ。

子どもを上からひょいとつまみあげ、一気にゴールまで連れていってしまうことは、かんたんだ。しかし、僕はあくまで、あちこち道草を食いながらも、のんびりと自分の足で歩んでいる子どもに寄りそえる親でありたい。そもそも、親が連れていこうとしているゴールが、本当に子どもたちが行きたい場所なのかさえわからないのだから——。

ありのままの子どもを受けいれる

子どもに愛を伝えていく——それは自己肯定感を育んでいくうえで、とても大切な行動だと思っているが、それだけでは十分でないとも感じている。能動的な「愛を伝える」という行為とともに、「ありのままの子どもを受けいれる」という受動的な姿勢も欠かすことができないものだと思うのだ。

長男は、小さな頃からピンクが好きだ。お絵かきをしても、かならずピンクのクレヨンを使う。靴下も好んでピンクを履く。七五三の衣装を探すときにも、「ピンクがあったらいいな」と話していたほどだ（残念ながら、彼の望むピンクの男の子用衣装は見つからなかったのだが）。このままいくと、小学校に上がるときには、「ピンクのランドセルがいい」と言いだすかもしれない。

だが、僕はそれでいいと思っている。たしかに一般的に考えれば、男の子がピンクというのは意外かもしれない。それが七五三の衣装やランドセルということになれば、好奇の目で見られることもあるだろう。もちろん、そうならないように、彼が世間から笑われることがないように、それをやめさせるという考えもある。でも、僕は親として、それをしたくない。彼を笑う人がいれば全力で盾になるし、むしろ「男がピンクなんて」と固定観念に凝り固まった人の考えを、息子といっしょになって笑ってやりたい。

妻の妹が、ネイルアートの勉強をしている。彼女が練習しているのを間近で見ていた長男が、「僕にも塗って」。数十分後、彼の足先は、きれいなブルーに染まった。それがよほど気に入ったらしく、それからも義妹が遊びにくると、つま先をカラフルに塗ってもらっては、よろこんでいた時期があった。

そんな長男の様子を見て、短絡的に「この子は性同一性障害なのでは……」と眉をひそめる親戚もいた。それがどうしたというのだ。万が一、彼が性同一性障害者だとして、彼が〝彼女〟だったとして、そこには何の問題もない。たしかに、彼がそうした人生を歩むことで世間の偏見に苦しむことはあるかもしれない。だが、親までが世間の側につき、「おまえはヘンな子だ」「うしろ指さされてもおかしくない存在なんだ」と息子を苦しめてしまうことがあってはならないと思っている。

性同一性障害という例を出さずとも、もっと身近に感じられる問題もある。たとえば、不登校。彼らの多くは、学校に「行かない」のではなく、「行けない」のだ。彼ら自身にとってさえも、その理由は明瞭ではない。だからこそ、苦しんでいるのだ。その苦しみに目を向けることなく、「どうして学校に行かないの？」と問いつめ、叱責してしまう親は、けっして少なくない。わが子の苦しみや葛藤よりも、「学校に行くべきだ」という常識や価値観をやみくもに優先してしまっているのだ。

みんな、怖いのだ。

大多数の側にいると、多くの人は安心する。自分がいま立っているところは「正しい」場所なのか。そんなことは、考えようともしない。ただ大多数の側にいられさえすれば、それでいいのだ。

だから、少数派になることを極度におそれている。「じつは、正義はあちら側にあるのではないか」と薄々気づいていながらも、みずから少数派に回ろうとする人がいないのは、少数派になれば、いままで自分たちが向けてきた偏見という視線を、こんどは自分たちが浴びる側になることがわかっているからだ。

ありのままの子どもを受けいれる――それは、けっしてかんたんなことではない。

「この子がこんなことをするなんて恥ずかしい」

「ご近所さんにどう思われるだろうか」

わが子を思うからこそ、という皮を一枚めくれば、そこには世間体に媚《こ》びる自分の姿が見えてくる。

「世間を敵に回したって、どんな嘲笑や冷ややかな視線を浴びたって、自分だけはこの子の味方でいる」

そんな強い覚悟を持てるようになって、はじめて「ありのままの子どもを受けいれる」ことが可能になるのではないだろうか。そして、それはどちらかといえば受動的な行為でありながら、「愛を伝える」という能動的な行為よりも、ずっとむずかしく、強い気持ちが求められるのだ。

振りかえってみれば、父は「愛を伝える」ことに長《た》け、母は「ありのままの僕を受けいれる」ことに長けていた。そのふたりのスペシャリストによって、僕はちょっとやそっとのことではびくともしない、頑強な自己肯定感を育んでもらうことができた。だからこそ、いまこうして幸せな人生を送ることができているのだろう。

父親として、息子たちには幸せになってもらいたい。だからと言って、彼らのためにレールを敷いたり、あらかじめ答えを用意したり、自分の幸福観を押しつけたりするつもりはない。それは彼らを幸せにするどころか、かえって苦しめることがあることを知っているからだ。ただ愛を伝え、ありのままの彼らを受けいれる。このふたつができていれば、僕は父親としての自分に合格点を与えてやろうと思っている。

ちなみに、長男。ここ最近は、ぐんぐん男の子っぽさを発揮するようになり、「性同一性障害かも……」などと思わせるような要素も見当たらなくなってしまった。でも、この先はわからない。長男も、次男も、いつ社会のなかで少数派と呼ばれる側に回ることになるかはわからない。それでもいい。僕は、いつだって彼らの味方だ。

自分を愛せない人への処方箋

対談　乙武洋匡×泉谷閑示（精神科医）

泉谷閑示（いずみや・かんじ）
1962年秋田県生まれ。東北大学医学部卒業。精神科医。大学時代に音楽理論や作曲法の個人教授を受ける。東京医科歯科大学医学部附属病院、財団法人神経研究所附属晴和病院等に勤務したのち渡仏、パリ・エコール・ノルマル音楽院に留学。帰国後、新宿サザンスクエアクリニック院長等を経て、現在、精神療法を専門とする泉谷クリニック（東京・広尾）院長。舞台演出や作曲家としての活動や、学会・カルチャーセンター等での講演も行っている。短大・専門学校等では精神医学や心理学の講座の講師を担当。著書に『「普通がいい」という病』『反教育論』（講談社現代新書）、『「私」を生きるための言葉』（研究社）などがある。

自己肯定感とは「健全な自己愛」

乙武　この本は「自己肯定感」をテーマにした内容ですが、僕自身は自分を否定的にとらえたことは一度もないんですね。でも、世の中には、自分を肯定できずに苦しんでいる人が少なくないなと感じています。そこで、この自己肯定感というものは、精神医学や心理学の見地からすると、いったいどういう心の構造なのか、そこを泉谷先生にお聞きしたいと思います。

泉谷　精神医学や心理学の立場から言うと、自己肯定感とは「健全な自己愛」ということになります。平たく言うと、「自分を愛する」ということですね。スタンダードな心理学だと、親から十分に愛されなければ、自分を愛したり、人を愛したりすることができない、という解釈が一般的ですが、私は少し違う考え方です。人間は誰もが健全な自己愛を持ってこの世に誕生します。つまり、自分が自分を無条件に愛することができる状態で人は生まれてくる、というのが私の持論です。

ところが、親や友人など周囲との関係の中で、不当に叱られたり、無視されたり、傷つけられたりするうちに、本来は自分を愛することができる存在だったにもかかわらず、「あれ？　自分はもしかすると愛される資格のない人間なんじゃないか。ここにいたらいけないいんじゃないか」と、幼いなりにそう解釈してしまいます。そして、だんだんと自分自身を否定するようになり、自己愛が損なわれてくるのです。

わかりやすい比喩で言うと、人はもともと太陽に照らされた状態で生まれてくるけれど、育つ過程で理不尽な出来事を経験するうちに、自分の上に分厚い雲がかかり、太陽の光が遮られてしまう。そのために自分を愛せない状態に陥るのです。

乙武　今の先生の例で言うと、僕も当然、太陽に照らされた状態で生まれてきたわけですよね。でも、手足がなく生まれてきたことで、分厚い雲が他の人より生じやすい状況だった。それにもかかわらず、父や母の育て方によって、幸いその雲がかからない状態で成長した。雲がかかっていたのを自分で取り除いたのではなく、もともと生まれたときは雲などかかっていなかった、ということですね。

泉谷　そのとおりです。

乙武　そこが僕の両親の稀有なところで、ふつうこういう身体の子どもが生まれたら、常識や世間体というものを気にして、子どもの頭上に雲をかけてしまうことのほうが多いと思うんです。ところが、「いや、手足がないことなんて関係ない」と、ずっと太陽が当たる状態にしておいてくれた。それが一番良かったことなんだろうなと思います。だから、自己肯定感が損なわれずにすんだのですね。

泉谷　乙武さんのご両親の育て方は素晴らしいですね。とくに幼いうちは、親は神にも等しい絶対的な存在ですからね。親がどういう思いで子どもと接するかということは、とても重要です。

乙武　僕が教師としての経験を通じて感じたのは、今の例で言うと、親御さん自身が子どもの太陽にならなければいけないという意識が強くて、それが結果的に子どもの進みたい方向や欲求の妨げになっているケースが圧倒的に多いということです。

子どもの太陽でありたい、明るい光で照らしてあげたい、という親の思いそのものが、逆に雲になってしまっているというのをすごく感じますね。

泉谷　よくわかります。私の『反教育論』にも引用したんですが、動物行動学の草分け的存在だった日高敏隆先生が、「二十世紀の人間は学習が必要だということを、教育が必要だと取り違えてしまった」ということを書かれていて、今日《こんにち》の教育がはらむ問題の核心を突いているなと思いました。

親御さんも学校の先生も、子どもは教え育てないとロクなものになりはしないという強迫観念があって、育てるからには「正しく」「良い環境で」「良い方向へ」育てようと、余分な力が入ってしまっている。

でも、植物を育てるときでも、水や肥料をやりすぎたらダメになりますよね。むしろ害虫がついたら取り除く、成長を妨げる障害物があったらどけてあげる、ということのほうが大事。子どもも同じです。そもそも子どもは自ら「育つ」ものであって、「育てる」という発想はちょっとおこがましいというか、余計なお節介なのかもしれないですね。

乙武　僕もそれは共感するところで、よく取材などで「乙武さんも二児の父になられたそうですが、どんな教育方針なんですか」と聞かれるんですよね。そのたびに僕は、「邪魔をしない親でありたい」と言っています。よく「子どもの個性を育てる」という言い方をしますけど、僕も先生と同様で、おこがましいなと感じているんです。

個性は各人が生まれ持っているもので、その個性がまっすぐに伸びていくのを邪魔したくない。自分の好きな方向に育っていこうとするものを捻《ね》じ曲げてしまうことがないようにしたい。それを一番に心がけていますね。

泉谷　乙武さんのご両親も、乙武さんと接するとき、まさにそこを考えていらした。多くの親御さんが「正しく、良い方向へ育てよう」とする中で、乙武さんの個性を歪めずにそのまま伸ばす育て方を選ばれた。なかなかできないことです。

乙武　僕の場合は、身体もかなり特徴的だったんですけど（笑）、言動もかなり他のお子さんと違うことが多かった。異常な目立ちたがりやだったり、ふつうは無謀だと思うことにも平気で飛び込んでいくところがありましたからね。親としては不安や葛藤があったと思いますけど、ぐっと飲み込んで見守ってくれました。そこは非常に感謝しています。

まやかしの言葉「あなたのためを思って!」

泉谷　親が子育てに専念するようになったこと自体の歴史がまだ浅いんですよね。大家族が多かった時代は、働き盛りの親に代わって、隠居した祖父母や、子どもを育て上げたおじさん、おばさんなど、手の空いた人が子どもの面倒を見ていました。

専業主婦というあり方も近代になってからです。昔は女性も農業や店を手伝ったりして働いている人が大半だった。さらに、近年どんどん電化されて、家事が楽にできるようになりましたから、その余ったエネルギーを子どもの教育に思いっきり注ぐようになった。

乙武　数十年前までは、まだまだ生きることに必死な時代でしたから、子育てと言っても、子どもの生命を維持するための最低限の衣食住を整えて、労働力となる大人へと成長させるという側面が強かった。

だけど、先生がおっしゃるように親の側が時間的にも精神的にも余裕が出てきたうえに、家庭のなかで育てる子どもの人数が減ってきたこともあって、「こういうふうに育てたい」という親の理想や意志を子育てに入れ込むようになってきたように思うんです。

それは一見すると子どもにとってプラスのことのように見えますけど、実は親の理想や意志が、逆に、子どもがまっすぐに伸びていくことを阻んでしまうことがあります。もちろん、うまくプラスに働いているケースもあると思いますが、マイナスに働いていることのほうが、もしかすると多いんじゃないかな。

泉谷　そのプラスに働くか、マイナスに働くかを、僕は「愛」と「欲望」という言葉で区別して考えています。「愛」についての私なりの定義は、相手が相手らしく幸せになっていくことを喜ぶことです。

一方、「欲望」というのは、こちらの思うようになることを強要する気持ち。この二つは隣り合わせの関係なので、人間の心はときには欲望になったり、またあるときは愛になったりするわけです。欲望ばかりの親に育てられると、子どもにとってはヘビーです。親の期待を強要され続けるわけですから。でも、愛のある親に育てられれば、乙武さんのようにのびのびと育っていけるんです。

乙武 僕が書いた小説『ありがとう3組』の中に登場する陽介という少年は、親から医者になることを求められて苦悩するのですが、その父親の気持ちは愛に見えて、実は欲望であると、そういうことですね。

泉谷 まさにそうです。

乙武 でも、親の欲望を愛に見せかける、まやかしの言葉がありますよね。

乙武・泉谷 (声を揃えて)「あなたのためを思って!」(笑)。

乙武 この言葉はたちが悪いですよね。でも、意図的にこの言葉を使っている親より、無意識にそう思って使っている親が多くて、そちらのほうが重症だと思います。

泉谷 じゃあ、そうならないためにはどうしたらいいかというと、実は案外簡単なことなんですよ。親が、「親」という役割の前に、ひとりの人間として、自分の人生を幸せに生きていることが大切なんです。

そうでないと、自分が成し遂げられなかった悔いみたいなものを、全部子どもに背負わせて、子どもに過剰な期待をかける。だから「あなたのためを思って」となる。たとえば、自分にもう少し学歴があったらよかったなと後悔している親は、子どものお受験に熱心になるし、バイオリンが弾けるようになりたかったと思っている親は、子どもが好きでもないのにバイオリンを習わせたりします。

乙武　親自身も悔いを感じていて、自分の人生を肯定できなくなっているわけですよね。

泉谷　もう遅い、やり直しがきかないと思っているんじゃないでしょうか。三十歳、四十歳から勉強して大学に通ったっていいじゃないですか。バイオリンを始めたっていい。

乙武　僕も二十九歳のときに教員免許を取得するため、再び大学に入学しましたからね。

泉谷　私なんか三十代後半になって、フランスの音楽大学に留学した身ですよ(笑)。もう遅いという考え方はおかしいでしょう。それに私はピアノをやっていましたが、十代、二十代の頃より、三十代、四十代になってからのほうが、はるかに上達しましたね。

乙武　学びたいという欲求の質が違うんですよね。

泉谷　本当に違います。子どものときは嫌いだったピアノの練習がすべて喜びに変わって、弾いていることが幸せで仕方なかった。もう「練習」なんていう言葉がいらないと思うくらい。そういうことがわかる年齢になってから始めたって、全然遅くないと思いますよ。

失敗を極度に恐れる「ムラ社会」

乙武　僕の両親は、僕がチャレンジしようとしても、一度もストップをかけるということがありませんでした。チャレンジするということは、大きく分けると二つの結果が待っています。成功なのか、失敗なのか。この成功体験というものも、自己肯定感を育てる一つの要因だと思うのですが、今の時代は成功することよりも、失敗によるリスクのほうを大きく捉えすぎていると思うんです。

よく「人生で失敗をしない方法が一つだけある。それは何のチャレンジもしないことだ」と言われますけど、僕はそんな人生は絶対に嫌なので、そりゃあ失敗だってするかもしれないけれど、前に進むにはチャレンジし続けていくしかないと思うことができる。でも、多くの人を見ていると、失敗すること、傷つくことのリスクを考えすぎてチャレンジに対して二の足を踏んでいるのかなと思いますね。

泉谷　もう少し掘り下げて考えてみますとね、失敗と成功って、みんな分けて考えるんだけれど、じゃあ、人生における成功ってなんだろうって突き詰めてみると、どんなにお金持ちになろうが、偉い学者になろうが、人間は誰しも必ず死んでいくわけですよ。そう考えたとき、人生を生きることの意味というのは成功することではなくて、どれだけいろいろなことを味わうか、「経験」できるかということだと思うんです。

経験というのは、もちろん成功も大事な経験なんだけれども、実は失敗のほうがはるかに多くのことを学ばせてくれる。いろんなことを考えたり、自分を変えるきっかけにもなります。だから、失敗はとても豊かな経験なんです。われわれが「失敗」と呼んでいるものが、本当に失敗なのかということですよね。アメリカではビジネスの成功者たちが、失敗するということを非常に前向きに、大事な経験としてとらえていますけど、日本社会では、失敗したら「あいつはダメだ」という烙印を押してしまうケースが多いようですが。

乙武　ふるいにかけられているイメージがありますね。

泉谷　しかも乙武さんも書かれているように、ストライクゾーンのようなものがあって、そこから外れたらもう後がないという意識が強い。

乙武　たとえ最初はうまくいかなくても、何度も挑戦して最終的にそれを克服したり達成するのであれば、その途中はあくまでも過程であって失敗じゃないんですよね。そういうイメージで考えることができれば、失敗すると嫌だからチャレンジしない、と考える人が減っていくのかなと。

泉谷　失敗が嫌だというのは、恥をかくとか、恥ずかしいという気持ちが先に立つからだと思います。この感情が日本人にはことのほか強い気がしますね。その背景として、日本に古くからある「ムラ社会」というか、「ムラ的な共同体」という意識がいまだ根強く残っていることが様々な問題のベースにあるんじゃないかと、私はみています。自己肯定感が持てないというのも、実はそこと関係があるんじゃないかな。

日本は経済大国になっているけれども、メンタリティは「ムラ社会」のままです。「ムラ」の中に「個人」というものはいない。いるのは「個人」ではなく「一構成員」であって、取り替え可能な存在なわけです。だから、個性が突出していたり、新しいことを試したりする人は好まれない。

乙武 みんなと同じじゃないといけない、と。

泉谷 そうです。私は「ムラ社会」が悪いと言っているのではなくて、日本はもはや「ムラ社会」でいられない時代になってきていると言いたい。多種多様な価値観が海外からも入ってくる中で、いまだ日本の学校では、「協調性のある子に育てる」という大義名分を掲げて、「好き嫌いのない子になりなさい」「ふつうにしなさい」などという、個性を抑えるような教育をしています。

乙武　教師をやってみて、確かに学校は、日本のムラ社会の縮図みたいな場所だと思いました。僕の理想は、「ひとりひとりが『ムラの構成員』から脱して、『個』になること」です。でも、いきなり今の日本がそう変われるかというと、それは難しいでしょう。きっと何十年、いや何百年単位でかかるだろうなと。

「個」であるには、ゆるがない強さみたいなものを、その人が持っていないと、ムラを飛び出せませんよね。ムラというのは、自信のない者同士が「ね、これでいいんだよね？」と相談しながら生活している場だと思うんです。それが、「他人に相談しなくたって、俺がこれをイエスと思えばそれでいいんだよ。俺はそうやって生きていくよ」と堂々と宣言できる強さを持てるようになって、初めて「個」になれると思うんです。

であるならば、そう思えない人は、ムラにいてもらって構わない。そのかわり、「ムラに頼る必要がないから出ていくね」と言ってムラから飛び出した人間を、非難したり、指差したり、彼らに息苦しい思いをさせることだけはやめてほしいですね。

泉谷　ところが、そこが難しいところで、ムラをまとめている原理というのは、必ずスケープゴートをつくって、それをみんなで非難して悪口を言うことで団結を固めているので、やはり私は、ムラは「個」を攻撃し続けるだろうと思うんです。何しろ「異物は排除」がムラの掟ですから。こう言ってしまうと身も蓋もないんですが、ムラ的メンタリティというのは、どこまでいっても「個」が立つことを邪魔するだろうと思います。

だから、ものすごく辛口なことを言えば、教師自体が職員室でムラ社会をつくって、新しいことを採り入れていこうとする先生を批判するような状態なんだったら、子どもたちに「いじめはやめましょう」なんて言ったところで説得力がまるでありませんよね。

「小径」に迷い込んでしまった人たち

乙武　先生が書かれた『「普通がいい」という病』の中に、こんな内容がありました。たいていの人は大通りを歩いているけれど、中には大通りから外れて小径《こみち》に入っていく人もいる。大通りを歩いている人は、この道を行けば幸せになれるという確信など持てないのに、みんなが大通りを行くから自分もこっちを歩く。一方、小径を行く人は、どっちの方向に行こうか自分で判断しながら道なき道を進んでいく。このくだりを読んだとき、これぞまさしく僕のメッセージとリンクするなと思いました。

少数派かもしれないけど、自分はみんなとは違うから小径のほうに行くね、と自覚して道を選んでいる人はいいんですよ。そういう人は、自己肯定感を持てる人であるし、先ほど先生がおっしゃっていたように、いろんな体験を味わえる豊かな人生が待っている人だと思います。ただ、期せずして小径に入ってしまった人もいて、それがまさに自己肯定感の持てない人だと思うんです。みんなについていくこともできなかった、でも、自分はこれでいいんだと思える強さもない。

泉谷　今、「強さ」とおっしゃいましたよね。小径を歩いていける「強さ」とはどういうことだろうと考えたとき、それはいわゆるマッチョな精神力ではなくて、

「自分で考える」ことがしっかりできるということだと思います。乙武さんはそれができる人。だからつらい目にあっても屈することなく、むしろそれがさらに次の活動につながっていく。自分で考えるという強さを持った人は前に進んでいけます。でも、自分で考えられない人は判断ができないので、みんなと同じにしないと不安でならないわけです。

乙武　つまり、小径に迷い込んでしまったものの、この先どう進んでいったらいいか自分で考えることもできない人が、自己肯定感を持てない人ということですよね。そういう人は、どう自分のことを考えればいいんでしょうか。

泉谷　私のところには、まさにそうした迷える人たちが、クライアントとして大勢みえます。彼らに対して私はどんなセラピーをするかというと、「あなたの感じていることはものすごく真っ当だと思う。あなたが感じている違和感も真っ当だと思う」と、まず基本的に彼らの感情や考え方を肯定します。

そして、「あなたが恐れている多数派の人たちの言う常識とか道徳とか、そうした価値観というものを、よく見てごらんなさい。それは、ひとりひとりが自分の頭でしっかり考えたものかというと、決してそうではない。本に書いてあるからとか、みんながやっているからだとか、既存の価値観や刷り込みから思いこんでいるようなものが多い。そんなものがいくら束になってかかってきても、あなたは怖がらなくてもいいんじゃないか」ということを、伝えていくわけです。

これがわかってくると、自分が怖いと思っていた存在が、「なんだ、あの人たちは実は弱いんだ。自分で考えて判断することができないから群れてる気の毒な人たちなんだ」というように捉え方が逆転してくる。そうやって彼らを縛っていた常識や固定観念が一つ一つ崩れていくと、どの人もみんな、とても力強い自信が自分の中から湧き上がってくるようになります。そして、他人や世間一般の価値観に簡単に振り回されたりしない、自分をしっかりと持った人間になるんです。

乙武　なるほど。たとえば、僕の友人で三十歳前後の女性たちの多くは「結婚しなきゃ」と焦っているんですよね。また、結婚して子どもを生まないと幸せが手に入らないと思っていて、慌てて結婚してみたものの、「あれ?」という人もすごく多い。それもまさに同じことが言えると思うんです。みんなが「女性は結婚して子どもを生むのが幸せ」と思っているから、多数派の価値観に感化されて、自分も何となくそうなんだと思ってしまう。自分でしっかり考えて結論を出す前に、流されて、結婚しなければ幸せになれないんじゃないかと思い込む。

でも、私にとっての幸せは家族を持つことじゃなくて、自分で仕事して、自分の食い扶持《ぶち》を稼いで、自由に海外旅行に行ったり、友達と遊ぶ時間を確保すること。これが私の幸せだと自信を持って言える人は、大多数の人と価値観の違う少数派かもしれないけど、生涯幸せを感じて自分の道を歩いていくことができると思うんですよね。

泉谷　結婚を焦るような人は、これまた軽口なことを言いますけど、考えていないだけじゃなくて、よく見ていないんですよ。世の夫婦というのを見ると、必ずしもみんなが幸せで満たされているかというと決してそうじゃない。言いすぎかもしれませんけど、九割がたが違うんじゃないかな（笑）。そういうことをしっかり見て判断できていれば、結婚しないと幸せになれないなんてウソだということが見抜けるはずなんですよ。

乙武　わかるなあ。先生、飲みにいきましょう（笑）。

「新型うつ」は遅い反抗期

乙武　教師をやっていたころ、僕は四年生を受け持っていたことがあるのですが、その中で夏休み明けから反抗期が始まるお子さんが結構多かったんです。僕は自分自身の反抗期も激しかったほうですが、この反抗期というものも自分を肯定する力を育むうえでキーになっているのではないかという気がします。

泉谷　たとえば、地球からロケットが宇宙へと飛び出していくときに、ものすごい力で大気圏を打ち破って、蹴飛ばすようにして出ていきますよね。反抗期というのは、その蹴飛ばしだと思うんですよ。親が悪いから反抗するのではなく、とにかく親と分かちがたくくっついていることに対する生理的な嫌悪を、子どもは成長過程で無意識に感じるわけです。それが態度に表れたものが反抗期。これは子どもが親から精神的な独立を果たすうえで絶対に必要な現象です。

乙武　なるほど。学校ではお母さまがたがみなさん心配して、「うちの子、反抗期が始まったんですけど……」と相談されることが多かったんですが、僕は開口一番、「それは良かったですね」と言っていました。僕も、反抗期がこないまま成長して社会に出ることほど怖いものはないと思っています。だから親御さんたちも反抗期がきたら慌てないで、「うちの子も健全に成長の一段階を経ているんだな」と考えていただきたいんです。

泉谷　武道などを習うと、その精神を学んでいくなかで「守、破、離」という理念を教えられるそうです。これは学ぶ者が精神を鍛え、養ううえで通るべき過程を表した言葉です。「守」というのは、師や親の教えを忠実に守って、従順に学んでいく姿勢を表します。

その次の「破」は、その教えに縛られていることに居心地の悪さを感じて、自分の世界をつかんでいこうとする段階。これは場合によっては、師や親を批判し、体制に嚙みつき、教えと正反対の考えすら取り入れていくことにもなる。これがまさに反抗期に相当するんです。

そしてその「破」を抜けると、何ものにもとらわれない解き放たれた自在な精神で、自分の世界をしっかりと確立できるようになる。これが「離」です。つまり、ここに至って初めて師や親から本当の意味で離れ、独立ができるわけです。

乙武　よくわかります。僕もそうだったと母親に言われるんですが、一番激しい反抗期が終わると、あれは何だったんだろうと思うくらい、憑《つ》き物が落ちたようにスッキリした表情で、大人として対応していくことができるようになるんですよね。反抗期は親から精神的な独立をするために必要な過程なわけですね。

僕は、反抗するというのは、安心の裏返しなのかなとも思っています。心を開いていない相手には、自分を委ねて思い切りぶつかっていったり、泣いたりすることはできないですよね。反抗期がきたというのは、親の言いなりになっていた自分が、自分を守ってくれていた壁にドーンドーンと体当たりして、強い力で殻を破っていこうとする行為。自己を確立して、自分を肯定していくための、最後の一押しだと思いますね。

泉谷　最近では「新型うつ」という言葉もよく聞かれるくらい、いわゆるうつ的な状態に陥る人が増えています。そういう方たちを診ていて、そうだ、これは初めての反抗期なんだなと私は思うんですよ。二十代、三十代、四十代になって、初めての反抗期が遅ればせながらやってきた。だから、仕事に行きたくないというような反抗が起こるわけです。

本人は反抗期という意識がないから、自分はどうしちゃったんだろうと戸惑います。しかし、人は反抗期を経験しないと、本当の意味で「自分」という概念をもつことはできません。でも、この国では、案外、反抗期を経験しない人たちが多くいて、その人たちのほうが、むしろ順調に社会に適応している成功者のように見られていることもあるんじゃないか。

乙武　なるほど、「新型うつ」と言われる状態は、実は遅い反抗期だと。新しい見解ですね。

泉谷　だから、逆にうつ的な状態になった人は見込みがあると思うんです。反抗期がようやくやってきたわけだから、ここを通り抜けさえすればしっかりと自分が確立する。私はその反抗期を通るためのお手伝いをするわけです。クライアントが

「仕事に行きたくない」と言えば、「昔のヨーロッパでは、貴族にとって仕事をすることは罪だったんですよ」なんて挑発しながらね（笑）。

「仕事をしなければいけない」というような、彼らが縛られている価値観や固定観念を崩して、そこから解放していく作業を私が手伝うんです。反抗期のようにイライラしたり怒りっぽくなるような状態が表れている場合は、「いい兆候が始まってきたね、これは噴火の前の地震だよ」なんて説明しています。そうやって反抗期をより後押しするわけですね。

乙武　まず、彼らはどういう反応を示すんですか？

泉谷　刷り込まれてきた既存の価値観がどんどん壊れていくと、先ほども話したように、今までの自分は、自らの目で物事を見て、自らの意志で考えることをしていなかったんだということに気づいていきます。

乙武　そうなると、その人は変わりますか。

泉谷　確実に変わっていきます。ものすごく逞《たくま》しい芯ができてくるんですよね。そして、男性は男らしい力強さ、女性は女らしい美しさが出てきますね。エステなんかよりはるかに効きます（笑）。実に生き生きと、のびのびとしてきますよ。こんなに素晴らしいものを持っていた人が、これまで小さなストライクゾーンに閉じ込められていたのだから、それはとっても苦しかっただろうと思います。

精神的な問題を扱ううえで、「治る」というのは、修理のように元の状態に戻ることではなくて、殻を破ってその人本来の姿に抜け出ることなんです。

自分の価値観で生きていける人間

乙武　先生のお話を伺っていて、僕の今の子育てというのは、先生がなさっていることを予備的にやっているのではないかと思いました。僕は五歳の長男に、「いっぱい怒られればいい」と言っているんです。妻は怪訝な顔をしますけど（笑）。すると、子どもが「何で？」とふしぎそうに聞いてくるんですよ。そのとき僕は、「自分で何かをやってみて、それが本当にいいことなのか、悪いことなのか、自分で経験して判断できる子になってほしいから」と説明をするんです。彼に伝わっているかわからないですけどね。

たとえば、「スープを飲むときは、片手でなくて両手で飲みなさい」と親は言います。片手で飲むほうがこぼす確率が高いということが、親はわかっているからですよね。結果だけを教えられても、なぜ片手で飲んではいけないのかが子どもにはわからないまま、両手で飲まされ続けるわけです。あるとき「どうして片手で飲んじゃいけないんだろう」と思い、つまずいて、いろいろ迷いが生じる。

今すごく身近な例で話しましたけど、それがもっと大事に至る価値観だったときに、迷いや戸惑いが「新型うつ」というような形になって表れて、それが自分を肯定できないことにつながる気がします。「あ、片手で飲むとこぼしやすいな」と自分で気づいて、「じゃあ両手で飲めばこぼさなくてすむんじゃないか」と自分で考えて判断する。自らやってみて怒られたり、失敗だとわかったりして学んでいく。子どもにはそうやって生きていく人間になってほしい。だから、なるべく親の立場で「こうしなさい」とは言わないようにしています。

泉谷　乙武さんの育て方は、「意味を自分でつかみなさい」ということを子どもに教えているのだと思うんです。「両手で飲みなさい」という形だけを伝えると、それはマニュアルにしかならない。なぜ両手で飲めばいいのか、その理由や意味がわからないと、他のことに応用が利かないですよね。ところがそれがわかっていると、こういう場合なら逆に片手で飲んでもいいんじゃないかと、臨機応変に応用を利かせることも覚えていくんです。

乙武　同感です。他人に与えられた価値観ではなく、自分で見つけて生み出していく価値観で生きていける人間になると思いますね。さっきの大通りと小径の例で言うなら、大通りに依存するんじゃなくて、「僕は僕でこの小径を行くよ」と自分の意志で小径を歩いていける人間になれると思うんです。

泉谷　人間にとって、やっていることの理由や意味がわからない状態で生きていくことほど不安なことはないんです。だから、そういう人は不安を無意識に感じるがゆえに、結局、みんなと同じように大通りを歩いていくことになる。そのほうが安心なんですね。

乙武　それを象徴するような話があるんです。親しくしている子役タレントのはるかぜちゃんという女の子の話なのですが、彼女は小学生でも仕事をしているので、学校には途中から行ったり早退したりということが多いんですね。

あるとき仕事が早く終わったので、彼女は自分ひとりで学校に行ったそうです。でも、学校の規則で「保護者と一緒でなければ途中登校をしてはいけない」というルールがある。それは不審人物や交通事故の危険性から子どもを守るためのルールなわけですが、なんと彼女、学校についたとき、児童ひとりでの途中登校は規則上認められないという理由で、門を開けてもらえなかったというんです！　結局、追い返されてしまったそうです。

泉谷　本末転倒ですね。

乙武　でしょう？　本来は子どもを危険な目に遭わせないようにということで、その規則が設けられたはずなのに、子どもを追い返したら、帰り道の分、危険が増えるわけですからね。ルールの意味を理解していない大人が、こういうことをやってしまう。本当に馬鹿馬鹿しいなと思いましたね。

泉谷　その馬鹿馬鹿しいことが、たぶんお役所とか会社といった現場にも山のようにあるんでしょうね。

乙武　ルールに従ってさえいれば、「いや私が判断したんじゃないんです、ルール通りなんです」と言えますから。自分で考える、自分で判断することを放棄していますよね。

泉谷　「思考停止」状態なんです。自分で思考できる人は、他人や子どもに対しても「思考停止」を強要したりしないでしょう。乙武さんがお子さんになさっているように、自分で考えることを促し、その意味がわかるように失敗すら許容して子どもが自発的に行動するのを待っている。そうした子どもへの接し方は、最初は時間がかかるように思えても、子どもは自分で応用を利かせるようになっていくし、物事を理解する力もついて、立派に成長していくんですけどね。

乙武　先生のおっしゃっていることがとても腑に落ちました。日頃、漠然と考えていたことや、何となく気づいていたことを、明確に表現してくださって、頭の中が整理されたように思います。刺激的で楽しい対談をありがとうございました。

（対談構成　岡本純子）

おわりに

　車いすに乗った身体障害者といえば、「かわいそう」と同情の視線を向けられるのが常だった。それが、僕のツイッターには連日のように、「乙武さんがうらやましいです」「どうしたら乙武さんのようになれますか」というメッセージが届く。この逆転現象には、当の僕でさえ戸惑うことがある。

　これまで「かわいそう」だった存在が、なぜ「うらやましい」とまで思われるようになったのか。僕なりにたどりついた結論が、「自己肯定感」だった。本書で対談させていただいた泉谷先生の言葉をお借りするなら、「健全な自己愛」だ。

　人間の身体を形成するうえでけっして欠かすことのできないだろう両手両足というパーツを与えられずに生まれてきた僕だが、ありがたいことに、この「健全な自己愛」を育みながら人生を歩んでくることができた。それが、多くの人にとって

「乙武さんがうらやましい」と映る最大の要因となっているのかもしれない。

自分のことを愛するというのは、そんなにも難しいことなのだろうか。

たしかに、謙虚さが美徳とされるこの国では、つい、「いえいえ、自分なんて」と口にしてしまう人が多く、なかなか「自分のことが好き」と胸を張る人を見かけることはない。だからかもしれない。小さい頃から、僕は明石家さんまさんの大ファンだった。いまさらながら振り返ってみると、その巧みな話術もさることながら、「オレは自分のことが大好き」と公言してはばからない、あの自己肯定感の強さに惹かれていたように思う。

忘れられないシーンがある。僕が小学生の頃大好きだった『オレたちひょうきん族』というテレビ番組でのひとこまだ。プライベートでもさんまさんと親交のあるお笑い芸人たちが、さんまさんが「いかにだらしない人間か」と、その欠点をあげつらっていく。ところが、それを聞かされている本人はなぜかうれしそうで、最後にその芸人たちから、「なのに、さんちゃんときたら……」と水を向けられると、抜群の〝間〟で「そんな自分が大好き！」と言って、にんまり笑ってみせるのだ。

「ああ、『自分のことが好き』って、口にしてもいいんだ!」

僕はこの場面に、まるで分厚い雲が晴れていくような、すがすがしさを感じた。僕も、きっと、同じタイプ。でも、なんだかまわりの空気を読んで、そういうことはあまり口にするものではないのだろうと、自分にブレーキをかけてしまっていたのだ。さんまさんの言葉に、その表情に、それがいかにくだらない気遣いであったのかを思い知らされた気がした。

「ああ、そうそう。僕も自分のことが好き」。それ以来、素直にそう思えるようになった。ここでひとつ誤解してほしくないのは、「自分を愛する」ことと「自分に自信がある」ことは、けっしてイコールではないということ。

もちろん、僕にだって欠点はたくさんあるし、まだまだ未熟な人間であると痛感している。もっといえば、死ぬまでこの欠点は直らないだろうし、未熟なまま死を迎えるのだろうとも思っている。つまり、自分という人間に対して、絶対的な自信を持っているわけではないのだ。

僕は、けっして完璧な人間などではない。それでも、自分が好き。至らない自分、欠点だらけの自分、弱い自分、手足のない自分――そんなあれやこれやを全部ひっくるめて、僕は、乙武洋匡という人間を、いとおしく思っている。

　恥ずかしげもなく、そんなことを言えてしまうような人間だからこそ、みなさんの目に「うらやましい」と映るのかもしれない。そして、そんなことが言えるような自己肯定感を育んでくれた両親に、あらためて感謝したい。

　また、卓越した知識と鋭い分析力によって、僕がふだんから漠然と考えていたことを的確に、そして論理的に解説してくださった泉谷閑示先生、そして本書を企画し、細やかな配慮で僕の執筆を支えてくださった講談社・井本麻紀さんにも、心から感謝したい。

　自分を愛することができれば、きっと人生における景色は大きく様変わりする。もちろん、それが簡単でないことはわかっている。それでも、みなさんが「健全な自己愛」を育んでいくうえで、本書が少しでも役立つことを祈念して――。

二〇一三年　晩冬

乙武洋匡

講談社現代新書　2198

自分《じぶん》を愛《あい》する力《ちから》

二〇一三年三月二〇日第一刷発行　二〇一三年四月一一日第三刷発行

著者　乙武洋匡《おとたけひろただ》　© Hirotada Ototake 2013

発行者　鈴木　哲

発行所　株式会社講談社

東京都文京区音羽二丁目一二―二一　郵便番号一一二―八〇〇一

電話　出版部　〇三―五三九五―三五二一
販売部　〇三―五三九五―五八一七
業務部　〇三―五三九五―三六一五

装幀者　中島英樹

印刷所　大日本印刷株式会社

製本所　株式会社大進堂

定価はカバーに表示してあります　Printed in Japan

N.D.C.002　238p　18cm
ISBN978-4-06-288198-2

JASRAC　出1302073-301

「講談社現代新書」の刊行にあたって

教養は万人が身をもって養い創造すべきものであって、一部の専門家の占有物として、ただ一方的に人々の手もとに配布され伝達されうるものではありません。

しかし、不幸にしてわが国の現状では、教養の重要な養いとなるべき書物は、ほとんど講壇からの天下りや単なる解説に終始し、知識技術を真剣に希求する青少年・学生・一般民衆の根本的な疑問や興味は、けっして十分に答えられ、解きほぐされ、手引きされることがありません。万人の内奥から発した真正の教養への芽ばえが、こうして放置され、むなしく滅びさる運命にゆだねられているのです。

このことは、中・高校だけで教育をおわる人々の成長をはばんでいるだけでなく、大学に進んだり、インテリと目されたりする人々の精神力の健康さえもむしばみ、わが国の文化の実質をまことに脆弱なものにしています。単なる博識以上の根強い思索力・判断力、および確かな技術にささえられた教養を必要とする日本の将来にとって、これは真剣に憂慮されなければならない事態であるといわなければなりません。

わたしたちの「講談社現代新書」は、この事態の克服を意図して計画されたものです。これによってわたしたちは、講壇からの天下りでもなく、単なる解説書でもない、もっぱら万人の魂に生ずる初発的かつ根本的な問題をとらえ、掘り起こし、手引きし、しかも最新の知識への展望を万人に確立させる書物を、新しく世の中に送り出したいと念願しています。

わたしたちは、創業以来民衆を対象とする啓蒙の仕事に専心してきた講談社にとって、これこそもっともふさわしい課題であり、伝統ある出版社としての義務でもあると考えているのです。

一九六四年四月　野間省一